AF599604

Silvia Agüero Fernández, Nicolás Jiménez González
y Youssef M. Ouled

Vivir contra el racismo

POGROMOS Y VIOLENCIA RACIAL EN ESPAÑA

COLECCIÓN INVESTIGACIÓN Y DEBATE
SERIE: LIBREPENSAMIENTO

ILUSTRACIÓN DE CUBIERTA: CARMEN MANUELA JIMÉNEZ AGÜERO

ZURBANO, 76
28010 MADRID
TEL. 91 532 20 77
WWW.CATARATA.ORG

VIVIR CONTRA EL RACISMO.
POGROMOS Y VIOLENCIA RACIAL EN ESPAÑA

ISBN: 978-84-1067-552-0
DEPÓSITO LEGAL: M-3.698-2026
THEMA: JBFA1/1DSE

ÍNDICE

INTRODUCCIÓN 11

¿ESPAÑA ES RACISTA? 18

CONCEPTOS BÁSICOS 20

Raza y racismo 20
Racismo institucional 22
Blanquitud/payitud 24
Privilegio blanco 25
Racialización y personas racializadas 26
¿Quiénes son las personas designadas como moras? 28
¿Quiénes son las personas designadas como gitanas? 32
Islamofobia y morofobia 34
Antigitanismo 35
Diferencias en la violencia según origen 36

¿QUÉ ES UN POGROMO? 38

Origen e historia del término 39
Ataques racistas y pogromos 41

FABRICANDO MIEDO E INSEGURIDAD 43

De extranjero a delincuente: fabricación del peligro social 43
Medios de comunicación: aprender a tener miedo 47

La política: seguridad, control y consenso 47
Patriarcado y capital, alianza colonial 49

LA LIMPIEZA DE SANGRE Y EL ORIGEN DEL RACISMO ESPAÑOL 51

POGROMOS DEL PRESENTE: TORRE PACHECO
Y LA VIOLENCIA RACIAL COTIDIANA 54
Cronología de pogromos y ataques racistas documentados
en España (1980-2025) 55

A NUESTROS PEQUEÑOS TAMBIÉN:
LA EDUCACIÓN RACISTA EN ESPAÑA 72
Vicálvaro, 1985: 'Yo no soy racista, pero…' 72
Cronología del rechazo a la escolarización gitana 75

ASESINATOS Y MUERTES RACISTAS EN ESPAÑA,
DE 1970 A 2025 80
Impunidad y memoria 82
Asesinatos y muertes racistas en España 83

REFLEXIÓN DESDE LA IZQUIERDA,
EL ANTIFASCISMO Y NUESTRA RACIALIZACIÓN 98

BIBLIOGRAFÍA 107

SOBRE LA AUTORA Y LOS AUTORES 109

Este libro está especialmente dirigido a nuestras comunidades, a la población gitana, mora, musulmana, negra y afrodescendiente, a la población de Abya Yala, asiática, migrante del sur global. A todas ellas que en su día a día enfrentan una violencia que es sistémica y siguen luchando por crear una sociedad mejor. Una lucha que empieza en el hecho mismo de existir y sobrevivir frente a tantos siglos de intentos de aniquilación. Nuestra obstinación en vivir es consecuencia del amor. El amor por nuestras cosmovisiones ancestrales, por nuestra historia, por nuestros pueblos y por nuestras comunidades hermanas. Nuestra resistencia empieza en un amor propio que nos empuja a vivir contra el racismo.

INTRODUCCIÓN

> "Es imposible deconstruir el racismo sin deconstruir el relato de la identidad española hegemónica".
>
> HELIOS F. GARCÉS

Este libro nace con la intención de quebrar el relato que omite la historia racial de España y plantear una nueva narrativa que honre la memoria de las personas asesinadas y nombre como verdadera causa estructural algo que condiciona nuestro presente: el racismo. Lo hacemos también porque no existe un relato oficial (ni en los currículos escolares y académicos, ni en los libros de texto ni en la memoria —hasta donde sabemos, no hay más calles, ni parques ni otros monumentos memoriales que el que recuerda a Lucrecia Pérez; tampoco hay días o actos oficiales dedicados a las víctimas del racismo—, ni nuestras luchas forman parte de los programas electorales o de la agenda gubernamental) que lo designe y describa a través de los nombres de quienes lo padecieron en sus consecuencias más fatales. Y lo hacemos impulsados por un fuerte sentimiento de justicia y reparación, y con el afán de encontrar actuaciones legales y políticas que impidan o, al menos, dificulten que el racismo siga matando e hiriendo nuestras vidas, que los racistas sigan saliendo impunes y que nosotras sigamos sin justicia, reparación ni garantías de no repetición.

Quienes escribimos este libro, Youssef, rifeño[1], y Nicolás y Silvia, gitanos, conocemos de primera mano la violencia racial ejercida por el Estado contra nuestras personas y contra nuestras familias. Reconocemos el mismo esquema, la misma pauta. Esa coincidencia en la violencia y la opresión que sufrimos no es casual. No se trata de casos aislados ni de desgracias estadísticas: es un patrón que se repite. En España, la violencia racista se dirige una y otra vez contra los mismos cuerpos, y eso tiene que ver con cómo se ha definido históricamente la identidad española: no ser mora/o ni ser gitana/o ni ser negra/o. La españolidad se construyó negando, expulsando o persiguiendo a quienes encarnaban esas figuras. Tanto el Pueblo Gitano como la población mora forman parte de la historia profunda del territorio al que denominamos España, pero esa historia compartida no ha generado ni reconocimiento ni gratitud; ha generado violencia sostenida destinada a borrar, controlar o disciplinar. La coincidencia entre nuestras opresiones nace de ahí: de una racialización específica, heredada y actualizada, que convierte a las personas gitanas y moras —a quienes son leídos como tales— en cuerpos sospechosos, castigables, expulsables e, incluso, aniquilables. No importa la nacionalidad, el lugar de nacimiento o los años de arraigo: lo que se castiga es la lectura racial del cuerpo.

1. Si bien se nos designa de manera impuesta e irremediable como moros o magrebíes, categorías coloniales pensadas para nuestra deshumanización y para legitimar las consecuencias del racismo que vivimos, me enuncio como rifeño para reivindicar la memoria de mi pueblo, el Rif, de su lengua y de su historia ancestral. La población rifeña no está en España por casualidad, tampoco por una cuestión de proximidad geográfica, pues a pesar de la reducida distancia que nos separa, la política migratoria de la UE convierte el trayecto en una trampa mortal. Miles de rifeños llenan las profundidades del Mediterráneo. Ser rifeño en suelo español implica un posicionamiento político *per se*. Soy hijo de un pueblo colonizado por España al que se le prohibió su forma de ser y existir bajo tal ocupación, un pueblo que estuvo a punto de ser aniquilado bajo bombardeos químicos que España, con ayuda de Francia y Alemania, lanzó hace un siglo. Crímenes que no quedan en el pasado; marcan la tierra y la memoria colectiva de los descendientes e impactan en su salud física y mental. Crímenes que no solo no fueron reparados, tampoco son reconocidos. Pero estos no son los únicos impactos de ese pasado en el presente, las fronteras mismas de nuestro territorio y el éxodo de la población se deben a décadas de políticas de abandono, marginalización y represión que hoy padece el pueblo rifeño, pero que se cimentaron en la época colonial. Reivindicarse como rifeño en España es un ejercicio constante de búsqueda de justicia y reparación.

Mientras terminamos de escribir este libro, en apenas dos semanas, las últimas de diciembre 2025, nos hemos levantado con la noticia de diversos actos de violencia racista institucional cometidos en diferentes lugares de España, gobernados por formaciones políticas de diferentes ideologías:

Actuación policial desproporcionada
(Torremolinos, Málaga, Andalucía. 7 de diciembre de 2025)

Haitam Mejri, de 35 años y origen marroquí, murió tras recibir varias descargas de pistolas eléctricas táser por parte de la Policía Nacional mientras era reducido en un locutorio de Torremolinos (Málaga). Según la versión oficial, la actuación policial se produjo tras un aviso por un presunto robo, aunque familiares y vecinos sostienen que Mejri solo había entrado al establecimiento para poder cargar su teléfono móvil y que no había cometido delito alguno. La autopsia preliminar indicó que había fallecido por una parada cardiorrespiratoria durante la detención. Mientras la investigación está en marcha, se demanda transparencia sobre las grabaciones de las cámaras policiales y las de seguridad del local, cuya visualización por parte de la familia les ha llevado a contradecir las versiones policiales acerca de una supuesta actitud agresiva de Mejri que habría obligado a usar las táser. Su muerte ha motivado protestas y concentraciones reclamando justicia ante los juzgados y en la localidad. Organizaciones de la sociedad civil y un diputado de la formación política Sumar han presentado varias preguntas al Ministerio de Interior para aclarar el uso de estas armas y la proporcionalidad de la intervención. La familia denuncia una actuación desmedida que acabó con su vida.

Desalojo masivo en Badalona
(Barcelona, Cataluña. 17 diciembre de 2025)

Un operativo conjunto de Mossos d'Esquadra, Policía Nacional y Policía Local de Badalona desalojó a alrededor de doscientas personas de manera directa, mientras que otras tantas abandonaron el edificio presionadas ante la inminencia del operativo policial —en su mayoría hombres migrantes sin vivienda— de un antiguo instituto y un centro social ocupado. Las imágenes del desalojo muestran cargas policiales, detenciones bajo la Ley de Extranjería y decenas de personas abandonadas en la calle sin alternativas habitacionales en pleno invierno bajo una ola de frío. Organizaciones sociales, sindicatos de vivienda y colectivos de derechos humanos denunciaron la desproporción del operativo y la falta de medidas de protección de los derechos básicos de las personas afectadas, calificando la actuación de violencia institucional y negrofobia. El alcalde de Badalona, Xavier García Albiol, defendió públicamente la operación como una "acción necesaria" para "poner orden", rechazando dedicar recursos municipales para la atención de las personas desalojadas y reclamando responsabilidades a las administraciones centrales, lo que ha reducido la presión política sobre las fuerzas de seguridad implicadas.

Xavier García Albiol (Partido Popular) no es un actor aislado ni neutral en la escena política española; tiene un dilatado historial de declaraciones y campañas en las que vincula migración, delincuencia y problemas de convivencia. En agosto de 2025 publicó en redes sociales un comentario en el que señalaba la nacionalidad de un detenido y remataba con un mensaje despectivo —"A esta gentuza, avión y a robar a Gambia"—, evidenciando de manera impune y explícita su racismo. En otras ocasiones ha destacado la nacionalidad de personas detenidas para afirmar que "todos son extranjeros y ninguno de un país de la UE", estableciendo una relación directa entre inmigración (del sur global) y criminalidad.

Además, en 2024 publicó en redes sociales una descripción de migrantes marroquíes recién llegados a territorio peninsular en la que hablaba de su apariencia y sus posesiones —"teléfonos, gafas de sol y un estado saludable"—, insinuando que su llegada tendría consecuencias negativas para la ciudad, lo que fue calificado por la vicepresidenta del Gobierno como un bulo racista y criticado por vincular injustamente identidad y peligro.

Este tipo de discursos forma parte de una estrategia política que criminaliza a las personas migrantes y racializadas, postulados que a nivel estatal coinciden con un giro ultra del Partido Popular al que pertenece Albiol, especialmente en materia de inmigración, al punto de ser señalado por voces gubernamentales como indistinguible de la extrema derecha. Un giro ultra en sintonía con otras derechas europeas.

Albiol ya fue objeto de una querella por distribuir folletos que vinculaban a gitanos rumanos con la delincuencia en Badalona, aunque la investigación fue archivada por el juzgado y no tuvo mayores consecuencias ni para las víctimas ni para la carrera de un político percibido y valorado por sus correligionarios como un valor en alza, así como un pilar fundamental de su estrategia electoral.

A pesar de unas declaraciones y políticas abiertamente racistas, no ha tenido que asumir responsabilidades políticas ni judiciales que sancionen un tipo de retóricas y prácticas habituales en él. Más bien, estas posiciones han sido usadas como herramienta de movilización del voto entre sectores racistas que dicen estar preocupados por la inmigración y la inseguridad, consolidando apoyos locales sin provocar una respuesta punitiva efectiva, tanto por parte de su propio partido como de las instituciones estatales. Este uso electoral de discursos racistas —y la ausencia de consecuencias legales o políticas— es parte de un fenómeno más amplio de racismo institucional.

Actuación policial desproporcionada (A Coruña, Galicia. 16 de diciembre de 2025)

El Pueblo Gitano de A Coruña ha denunciado la muerte de Yoni Barrul[2] durante una intervención policial, calificando los hechos como "brutalidad policial" y exigiendo una investigación independiente. La versión oficial atribuyó la muerte de Barrul a causas "naturales" (como un infarto), pero las organizaciones locales y familiares sostienen que la intervención fue desproporcionada desde el inicio y que la acción de los agentes contribuyó directamente al fallecimiento. Su caso se suma a una serie de muertes bajo la acción o custodia policial, así como de agresiones en las que la responsabilidad institucional queda en entredicho, reactivando

2. Óscar Martínez, "Familiares del fallecido en una intervención policial en A Coruña: 'Queremos justicia'", *El Español*, 17/12/2025, https://n9.cl/oeruc.

denuncias de desproporcionalidad motivada en una discriminación estructural que es precedida por una falta de transparencia y de rendición de cuentas.

Comentarios racistas de policías (Alcorcón, Madrid. 18 de diciembre 2025)

En el municipio de Alcorcón (Madrid), un robo sufrido por un propietario de origen marroquí se convirtió en noticia pero no por estos hechos, sino por los comentarios deshumanizantes y morófobos vertidos por los agentes de Policía Nacional que acudieron a inspeccionar el local. Los policías desconocían que el establecimiento disponía de un sistema de videovigilancia que recogió expresiones del tipo: "Aquí vendrán moros... No sé si son humanos o no"[3].

El vídeo con los comentarios racistas tuvo una difusión muy amplia y, según varios medios de comunicación, obligó a la institución policial a abrir investigaciones internas e iniciar expedientes disciplinarios contra los agentes implicados. La visibilidad mediática mencionada y lo explícito de los comentarios dificulta la negación u omisión de la conducta, una estrategia que no es infrecuente.

En cambio, los otros casos mencionados —las muertes de Haitam Mejri y Yoni Barrul— han aparecido en pocos medios como investigaciones en curso o en manos de la Fiscalía, con procedimientos que avanzan lentamente y sin medidas punitivas claras a fecha de cierre de este capítulo. Mientras que en espacios mediáticos posicionados a la derecha se intenta justificar la actuación policial culpando a Mejri y Barrul de su propia muerte.

Empezar con estos hechos nos permite anclar la historia que contamos con la actualidad. No hablamos de hechos antiguos, ni históricos, sino absolutamente cotidianos y contemporáneos. La razón por la que comenzamos con ellos es simple: han ocurrido en las últimas dos semanas de diciembre de 2025. Son episodios graves de racismo institucional, denunciados principalmente por

3. Miquel Ramos, "Una víctima de un robo en un local denuncia los comentarios racistas de dos policías: 'Aquí vendrán moros y gente así. No sé si son humanos o no'", *elDiario*, 17/12/2025, https://goo.su/YEQ6Bjh.

las familias afectadas y recogidos por unos pocos medios de comunicación. En muchos casos no se ha generado una respuesta social amplia ni manifestaciones de otros espacios o movimientos sociales más allá de los sensiblemente implicados. En el caso de Badalona sí ha habido una movilización ciudadana: vecinos y vecinas, colectivos sociales y organizaciones antirracistas, autoorganizadas para atender las necesidades de las personas afectadas, manifestarse en contra de la actuación policial y realizar un seguimiento institucional mediante denuncias y reclamaciones de investigación sobre la vulneración de derechos. Esta hipocresía político-institucional —que aparenta un rostro democrático pero no garantiza seguridad y justicia a toda la ciudadanía— es lo que nos obliga a poner estos hechos sobre el papel.

Mejri en Torremolinos, Barrul en A Coruña, los desalojados en Badalona o los comentarios policiales racistas en Alcorcón son ejemplos recientes que evidencian una desprotección institucional y un racismo estructural que se repite, mientras nuestras familias quedan solas en la denuncia. Empezar con estos sucesos nos recuerda que la violencia hacia personas racializadas, especialmente contra hombres jóvenes, y la impunidad no son cosas del pasado: ocurren aquí y ahora. Es urgente nombrarlas.

¿ESPAÑA ES RACISTA?

La pregunta no surge de una reflexión honesta ni de una duda real. Aparece siempre en los mismos escenarios: en piezas mediáticas hechas a pie de calle, en debates de tertulia, en entrevistas rápidas tras un episodio de violencia, en discusiones parlamentarias que buscan rebajar la gravedad de los hechos… Cada vez que se plantea esta cuestión aparece la misma intención de tranquilizar conciencias. La pregunta parece sugerir que podría existir una respuesta negativa, que niegue la condición de racista, que exonere al país entero y lo mantenga limpio y respetable. Esta pregunta contiene la amplia posibilidad de la negación y le permite a España salvar su imagen de Estado moderno, democrático y respetuoso con los derechos humanos. Y no, no es ninguna de esas cosas.

El Estado español no es moderno más que en el consumo de tecnologías, no es democrático por sus propias leyes electorales, que perjudican a las opciones minoritarias no concentradas en un territorio concreto, y por su propia Constitución, que favorece el bipartidismo, y no es respetuoso de los derechos humanos, tal y como se lo recordó en 2020 el Relator Especial de la ONU sobre cuestiones de las minorías en su informe al indicar que "los romaníes [gitanos] siguen figurando entre las personas más marginadas y vulnerables del país, y el antigitanismo sigue estando muy extendido y profundamente arraigado en las actitudes sociales y culturales y en las prácticas institucionales"[4]. Dos años antes, en 2018, el Grupo de Trabajo de Expertos sobre afrodescendientes de la ONU[5] concluyó tras su visita a España que el uso de perfiles raciales por parte de la policía "es un problema endémico", entre otras expresiones del racismo institucional.

Empecemos por lo básico: este país es racista. Y el mundo también lo es, en mayor o menor medida, porque el racismo es una estructura global, histórica y política. Existe en el mundo, en las ideas y en las acciones de las personas que lo habitan y, por tanto, en las instituciones que gobiernan, construyen y sostienen el sistema que habitamos.

Aceptar que España es un país racista tanto en sus leyes como en sus instituciones y en su ciudadanía no es una ofensa ni un ultraje al país; es describir una realidad, es, parafraseando a Audre Lorde (2003: 15), nombrar lo que no tiene nombre para convertirlo en objeto del pensamiento y, en definitiva, es realizar un diagnóstico que nos permita avanzar en la búsqueda de soluciones adecuadas para todos y todas. Negarlo, en cambio, sí es una forma de violencia. Y esto no es opinión: es la explicación más honesta de por qué este país tiene siglos de pogromos en su historia. Un pogromo no surge de la nada, como explicaremos más adelante. No lo provoca un conflicto puntual ni la tensión del momento, sino que necesita un caldo de cultivo social y cultural históricamente construido donde ciertos cuerpos —los gitanos, los moros, los negros, los migrantes (del sur global)— ya han sido deshumanizados mucho antes de que estalle la violencia.

Cada vez que se plantea la pregunta, por lo tanto, se intenta borrar esta historia, convertir lo sistemático en algo anecdótico y accidental, vaciarlo de contexto e infravalorar las consecuencias que tiene tanto para las víctimas como para el conjunto de la sociedad presente y futura.

---

4. Disponible en https://goo.su/CBsctso.
5. Los expertos de la ONU exhortan a España a acabar con la discriminación por perfiles raciales y la invisibilidad de los Afrodescendientes (Naciones Unidas, 05/01/2026, https://goo.su/DtLtH).

CONCEPTOS BÁSICOS

El racismo lo desvirtúa y enreda todo, afectando a todos los ámbitos de nuestras vidas. En consecuencia, en los últimos años el lenguaje para describirlo, analizarlo, explicarlo y combatirlo se ha complejizado de manera que actualmente se utiliza toda una jerga que, para quienes no forman parte del activismo antirracista, a veces se torna complejo. Como nuestra intención es entendernos, en este capítulo explicamos, mediante un lenguaje sencillo, conceptos básicos que ayudan a entender su jerarquía y su carácter estructural.

RAZA Y RACISMO

Tenemos que empezar diciendo que utilizamos la categoría raza como una creación ideológica, política, económica, social y cultural que nada tiene que ver con la biología.

El artículo primero de la Declaración sobre la Raza y los Prejuicios Raciales (UNESCO, 1978) proclama que "todos los seres humanos pertenecen a la misma especie y tienen el mismo origen. Nacen iguales en dignidad y derechos y todos forman parte integrante de la humanidad", es decir, que las razas no existen en el seno de la especie humana. Sí existe el racismo, que es una ideología basada en el concepto de raza. Aunque la raza no tiene una base genética o científica, el racismo usa la raza para establecer y justificar sistemas de poder, privilegios, privación de derechos y opresión.

La idea de raza es una construcción sociopolítica diseñada para dividir a las personas en grupos clasificados como superiores e inferiores. El consenso científico es que la raza, en este sentido, no tiene una base biológica: todas somos una raza, la raza humana. La identidad racial o étnica, sin embargo, es muy real. En una sociedad racializada, a todas las personas se les asigna una identidad racial o étnica, sean o no conscientes de ello. Así pues, las razas humanas, en términos biológicos, no existen.

A menudo, para negar la existencia del racismo, se recurre al argumento de que las razas no existen. Esta afirmación, aunque cierta, se utiliza de forma tramposa para desactivar el debate. Como señaló el pensador y periodista antirracista Ta-Nehisi Coates (2015), "la raza es la hija del racismo, no su padre". No es la existencia de razas lo que produce el racismo, sino que es el racismo —como sistema histórico, social, cultural, político y económico— el que inventa la raza para justificar jerarquías, violencias y desigualdades. Negar la raza sin nombrar el racismo no lo combate: lo oculta.

Sí existe el racismo, la ideología basada en la creencia de la superioridad de la raza blanca. Y existe la jerarquización social en base al racismo. Por supuesto, también existe la violencia racista, la sufrimos cada día.

El racismo no es solo un insulto ni una mala actitud individual. No es una opinión desafortunada ni un prejuicio personal. El racismo es un sistema completo, una forma organizada de ordenar el mundo, de decidir quién importa y quién no. Así lo define la UNESCO (1978) en su Declaración sobre la Raza y los Prejuicios Raciales: el racismo incluye ideologías, actitudes, prácticas institucionales, leyes, disposiciones estructurales y comportamientos que producen desigualdad, legitiman la discriminación y obstaculizan la vida de quienes lo sufren. No solo daña a las víctimas: corrompe a quienes lo ejercen, fractura sociedades enteras y sostiene violencias que se presentan como normales.

Por eso, cuando afirmamos que el racismo —y en nuestro caso concreto el antigitanismo y la islamofobia/morofobia— es estructural y sistémico, no estamos hablando de casos aislados ni de personas concretas que resultan ser racistas. No va de que existan profesoras, policías, juezas, médicas o trabajadoras sociales con prejuicios. Va de algo mucho más profundo: los sistemas educativo, policial, judicial, penitenciario, sanitario y de servicios sociales están construidos sobre una base supremacista, donde lo payo, lo blanco, es lo normativo y ocupa el centro, y lo gitano, lo moro o lo negro quedan situados como desviación, como problema, como amenaza.

Este orden no es casual ni accidental. Es funcional. El antigitanismo, la islamofobia, la negrofobia, como otras formas de racismo, sirven al Estado y al capitalismo porque permiten señalar a un enemigo interno, un chivo expiatorio colectivo al que culpar de conflictos que el propio sistema genera. A veces ese racismo es brutal y directo: criminalización, persecución, violencia abierta. Otras veces adopta formas más suaves, más aceptables: paternalismo, discursos de integración, políticas sociales que controlan más de lo que cuidan. En ambos casos, el resultado es el mismo: control, desposesión, discriminación, segregación y desigualdad.

RACISMO INSTITUCIONAL

Término acuñado por Carmichael y Hamilton (1967) que define actitudes y prácticas que tienen resultados discriminatorios y son llevadas a cabo mediante procedimientos burocráticos reglados, es decir, legales. El término institucional busca expresar que estamos ante procesos persistentes y duraderos en el tiempo; situaciones que se escapan al control de uno o varios individuos y que no requieren de intención. A menudo, estos procesos son invisibilizados. Se producen en las organizaciones e instituciones. Consiste en las condiciones y prácticas basadas en la raza cuyo resultado otorga una ventaja injusta a las personas blancas.

Cuando hablamos de racismo institucional no nos referimos a una suma de malentendidos, desencuentros o circunstancias casuales y aleatorias. Hablamos de una construcción ideológica y cultural que sitúa el centro, la cúspide, lo mejor y lo más bello en una parte de la sociedad que se considera a sí misma como la mejor situada en todos los ámbitos (económicos, políticos, culturales, académicos, lingüísticos, sociales y religiosos) importantes de la vida y la mejor dotada tanto en la ética y la moral como en la estética. Hablamos de un modo de ordenar, clasificar y jerarquizar la sociedad que decide quién merece derechos, quién merece ayuda y quién puede ser expulsado, golpeado o incluso morir sin que eso provoque una respuesta justa y eficaz del Estado y de la sociedad en su conjunto. Hablamos de racismo en los términos que definía Audre Lorde (2003: 123): "La creencia en la superioridad inherente de una raza con respecto a las demás y, por tanto, en su derecho a dominar".

Por cierto, el racismo no es delito en España. Es una agravante genérica, es decir, es una circunstancia (como el ensañamiento o la reincidencia) que refuerza la culpabilidad del autor e incrementa la pena por haber cometido un delito. Por tanto, para que se castigue a un racista tiene este que cometer un delito (un robo, una agresión, una amenaza grave, un homicidio...) y demostrar que lo ha hecho motivado por racismo, lo cual es muy difícil y redunda en que el racista no reciba castigo o su pena se vea atenuada. Otra cosa es el llamado discurso de odio siempre que suponga una incitación al odio, a la hostilidad, a la discriminación o a la violencia contra un grupo, una parte del mismo o contra una persona por razón de su pertenencia a dicho grupo (artículo 510 del Código Penal español). En base a esta disposición sí se podría castigar a quien promueve este tipo de actos. La realidad es que un bodrio racista como *Los Gipsy Kings* (Cuatro, Mediaset) lleva diez años promoviendo una imagen estereotipada, exotizante y deshumanizante del Pueblo Gitano y ningún fiscal persigue de oficio este tipo de productos de televisión.

BLANQUITUD/PAYITUD

> "El blanco no es un color. Es una definición política que representa los privilegios históricos, políticos y sociales de un grupo determinado que tiene acceso a las estructuras e instituciones dominantes de la sociedad".
>
> GRADA KILOMBA

La blanquitud/payitud y la identidad racializada blanca/paya se refieren a la forma en que las personas blancas/payas, sus costumbres, cultura y creencias operan como el estándar, la norma, con el cual se comparan, se miden y se sitúan en el sistema-mundo todos los demás grupos humanos. Esta cultura blanca dominante también funciona como un mecanismo social que otorga ventajas a las personas blancas (privilegio blanco), ya que pueden navegar por la sociedad sintiéndose normales y viéndose como normales. Las personas que se identifican como blancas rara vez tienen que pensar en su identidad racial, como si ellas no pertenecieran también a una raza o a una etnia. De hecho, en los cursos y talleres que Nicolás y Silvia impartimos solemos preguntar por la adscripción étnica a las personas participantes y la respuesta de las payas y payos suele ser que no saben cómo definirse en ese sentido.

El tono claro de la piel recibe, generalmente, una valoración social y cultural positiva, lo que otorga a las personas consideradas blancas/payas[6] un privilegio, una ventaja y un capital social simbólico con el que no cuentan las personas no blancas.

La blanquitud no viene definida por el color más o menos claro de la piel, sino que es el aparato ideológico que perpetúa y reproduce los mecanismos de jerarquización, asimetría y discriminación basados en la creencia de la superioridad de la raza blanca respecto de las demás.

---

6. Paya/payo es un término utilizado por las personas gitanas de España y Portugal (*paia*) para referirse a las personas étnicamente no gitanas o no romaníes. Deriva del romaní (idioma gitano) *parno*, 'blanco', en oposición a *caló* (*calão* en Portugal) 'negro', que es la denominación étnica, el etnónimo, tradicional. No es despectivo, simplemente marca una diferencia cultural.

Señala una posición, un espacio en la estructura social en el que el sujeto blanco/payo, con independencia del tono de su piel, ocupa una posición de poder que comparte con otros sujetos blancos/payos y que se constituyen en el ideal, la referencia, lo normal, mientras considera que lo que no forma parte de la blanquitud es extraño, ajeno, raro, exótico y no normal.

La blanquitud es la ideología dominante en un mundo racializado (Amazian y Douhaibi, 2019) según la cual se sitúa en el centro a las personas blancas, mientras quienes son percibidas como no blancas no son consideradas del todo humanas y, por tanto, pueden ser criminalizadas, perseguidas, encerradas, esclavizadas o sometidas a condiciones de trabajo y de vida de inferior calidad, en comparación a los estándares que se consideran adecuados para las personas blancas.

En este libro usamos el término payitud de manera análoga a blanquitud. No se refiere únicamente al color de la piel, sino a un sistema de pensamiento, prácticas y privilegios que se sitúan en oposición a la gitanidad. La palabra deriva de payo e incluye a personas de distintos orígenes y colores: payos moros, payos negros, etcétera, y refleja la construcción social y cultural de la diferencia no gitana frente a la gitana.

El concepto de payitud busca señalar cómo la identidad no gitana se configura histórica y socialmente, al igual que la blanquitud, como marco que organiza privilegios, exclusiones y normas culturales frente a las comunidades gitanas. Así, payitud no es solo una referencia étnica o racial, sino un concepto que describe una posición social y cultural que reproduce jerarquías frente a la gitanidad.

PRIVILEGIO BLANCO

El privilegio blanco es la cantidad de capital sociopolítico, cultural y económico que tiene una persona por el mero hecho de nacer y pertenecer a una familia considerada blanca. Se refuerza o reduce en base a características personales como el sexo, género, el nivel educativo alcanzado o tener una diversidad funcional. Es importante señalar que el privilegio de un grupo va en detrimento de quienes no forman parte de ese grupo. En la actualidad, los hombres blancos, cisgénero y sin discapacidades del norte global gozan de muchos más privilegios que quienes no tienen estas características. El privilegio es lo que permite que algunas personas tengan salarios más altos, asistan a mejores escuelas y reciban atención sanitaria de calidad, mientras que a otras se les niegan estas oportunidades. El privilegio depende siempre del contexto, y ha sido foco de algunos movimientos críticos por poder individualizar sistemas de opresión y violencias.

Resumiendo, es la ventaja que obtienen las personas reconocidas universalmente como humanas (blancas o leídas como blancas) al momento de acceder a derechos, recursos y beneficios en comparación con las personas deshumanizadas (no blancas).

RACIALIZACIÓN Y PERSONAS RACIALIZADAS

La racialización es una construcción histórica, política, cultural y social que sitúa a las personas blancas en la cúspide, encima del resto, lo cual genera consecuencias administrativas, sociales y laborales que perjudican a las personas designadas como inferiores. La racialización existe cuando se le da a las diferencias culturales o de color de piel un valor inmutable o determinante sobre los comportamientos de los individuos.

La racialización no es solo cuestión de color de piel ni suma de prejuicios y estereotipos. Es un proceso histórico, cultural, social, económico, legal y político mediante el cual determinados cuerpos se convierten en problema, amenaza o desecho. No importa lo que una persona haga, sino lo que se supone que es. La racialización fabrica identidades peligrosas y las fija en el imaginario social, de modo que cualquier violencia ejercida contra ellas es entendida, justificada e incluso celebrada (Agamben, 2006).

En España, este proceso se ve claramente con dos figuras: el gitano y el moro. Ser español, en términos históricos y simbólicos, ha significado no ser moro y no ser gitano (Agüero y Jiménez, 2026). Ambas poblaciones tienen una historia profunda y constitutiva en este territorio, pero esa historia ha sido sistemáticamente borrada, negada, y convertida en amenaza interna, en resto incómodo, en presencia que hay que vigilar, corregir, expulsar o hacer desaparecer. No son cuerpos recién llegados ni minoritarios: el Pueblo Gitano habita el territorio antes que se constituyera en Estado y suma más de un millón de personas; la mayor y más antigua población migrante residente en España viene del noroeste africano, donde no solo se refugiaron quienes fueron expulsados tras la conquista de al-Ándalus, también ubica algunas de las últimas colonias de España.

Quizás, precisamente por eso, porque tanto lo moro como lo gitano forman parte inexcusable de la historia y la cultura española, resultan tan peligrosos unos y otros para el relato identitario nacional.

No hace falta ser migrante marroquí ni tener antepasados gitanos para ser asociado, visto y tratado como moro o gitano. Si bien la racialización tiene un impacto político, funciona por lectura social: rasgos físicos, acento, vestimenta, el ejercicio de determinadas profesiones o incluso el lugar de residencia pueden ser suficientes para activar el estereotipo.

Por eso, muchas personas nacidas en España o con ciudadanía legalmente adquirida siguen sufriendo el mismo trato discriminatorio. Lo que cuenta no es solo la documentación ni la historia personal, ni tan siquiera el color de la piel en estos casos, sino la categoría social que otros les asignan. Por eso un concepto como el de xenofobia se nos queda vacío de contenido, no es la situación administrativa la que marca únicamente esa lectura, es el racismo quien produce la asociación de un estereotipo[7] y genera un prejuicio (un juicio y una valoración anticipada) sobre una persona a la que se le adjudica una condición racial mal considerada social y culturalmente.

7. Creencia generalizada sobre las características de quienes pertenecen a un grupo social, considerando a todas las personas pertenecientes a dicho grupo de forma negativa sin tener en cuenta las características particulares.

Una persona racializada no es solo alguien de determinada raza o país. Es una persona a la que la sociedad —las leyes, las instituciones (incluidos los diversos gobiernos y administraciones), los medios de comunicación, la manera en que se nombra, define y es representada en el arte y la cultura— coloca automáticamente en la categoría de otredad: alguien sospechoso, peligroso o inferior y que no forma parte del grupo social hegemónico.

Esa etiqueta no surge de la nada: se construye a lo largo de siglos, a través de leyes, discursos políticos, narrativas culturales y prácticas cotidianas. Decir que alguien está racializado significa que su vida queda expuesta a la discriminación y la violencia porque otros han decidido socialmente que ese cuerpo o esa cultura son diferentes, inferiores y con menos derechos. Si bien la racialización afecta a quienes han sido racializados en la superioridad (blancos), su uso social, impulsado sobre todo por movimientos antirracistas, lo asocia a quienes han sido racializados en la inferioridad (no blancos).

En linchamientos, pogromos vecinales o cacerías racistas, se repite un patrón: las víctimas directas suelen ser hombres racializados, generalmente jóvenes, de entre 15 y 40 años. Hombres a quienes se atribuye automáticamente toda una serie de asociaciones históricas, tanto biológicas como culturales: delincuencia, agresividad o peligro sexual. No importa si trabajan, estudian o llevan generaciones residiendo en un mismo barrio; la racialización los convierte en sospechosos permanentes y su muerte o expulsión es considerada socialmente como un daño asumible o incluso coherente.

Insistimos, no todas las personas que migran ni todas las que tienen un determinado color de piel son racializadas. Es importante mantener esta distinción al analizar el racismo.

¿QUIÉNES SON LAS PERSONAS DESIGNADAS COMO MORAS?

Siguiendo a las investigadoras Salma Amazian y Ainhoa Nadia Douhaibi (2019), entendemos lo moro no como una identidad ni como un sujeto real, sino como una categoría colonial —que en lugares y momentos históricos distintos ha tenido y tiene un contenido diferente, siempre en base a los intereses del Estado— construida por el poder blanco para deshumanizar y oprimir a diferentes grupos de personas. Al hablar de la mora o del moro no estamos nombrando una identidad ni una forma de ser, sino una manera de ser leída o leído, una forma deshumanización, de no pertenecer y de no ser, impuesta por el Estado e inscrita en el imaginario social hegemónico, es decir, blanco/payo.

La definición que da el diccionario de la Real Academia de la Lengua (RAE) —no olvidemos que se trata de un diccionario normativo, es decir, que fija la norma, que impone la ley de cómo la clase culta considera que se debe hablar y escribir y, por tanto, es un instrumento del poder del Estado— es bastante indefinida, inexacta y errónea, ya que indica que mora/o es un adjetivo que se usa también como sustantivo para señalar a las personas "naturales del África septentrional frontera a España", como si con el adjetivo y sustantivo mora/o no se señalara, además de a las personas marroquíes, a las argelinas, libias, tunecinas y egipcias cuyas naciones pertenecen a África del Norte pero no son fronterizas con España. Igualmente ocurre con las personas mauritanas e incluso con aquellas que son percibidas como moras y proceden de cualquier otro lugar (afganas, iraníes, iraquíes, jordanas, kurdas, libanesas, palestinas, sirias, o turcas)[8], aunque no esté situado ni siquiera en África. Evidentemente, esta definición es inexacta, puesto que mora/o también señala a quienes han nacido en España, sean de segunda o tercera generación. Recordemos que actualmente casi cuatro de cada diez niñas/os menores de cinco años en España son hijas/os de inmigrantes (Miyar-Busto, 2025).

8. Las personas bangladesíes, indias y pakistaníes residentes en España son generalmente designadas como pakis, una etiqueta igualmente racista y racializadora pero diferenciada de mora/o en base a su concentración en sectores económicos como la restauración, las fruterías, las tiendas de electrónica y de alimentación. Así mismo, hemos dejado fuera de este listado a las personas procedentes de Arabia Saudita, Barein, Emiratos Árabes, Kuwait, Omán, Qatar y Yemen porque en el imaginario social son asociadas al lujo y la riqueza y no son tenidas por moras.

Por otro lado, el diccionario de la RAE incluye en su definición de mora/o a quien profesa la religión musulmana, como si no hubiera musulmanes de todos los tonos de piel. En definitiva, la Real Academia hace una descripción de lo moro errónea, despolitizada y vaciada de contenido histórico y político.

A lo largo de los años, el imaginario español ha construido unas categorías ampliamente difundidas y utilizadas sobre el moro y la mora (Mateo, 2017) hasta tal punto que, como dicen Amazian y Douhaibi (2019), cualquiera podría dibujarlo. Esas imágenes forman parte del acervo colectivo español blanco/payo, persisten y siguen siendo funcionales para el Estado y el capitalismo. Ese imaginario puede permanecer en estado latente y activarse en función del contexto sociopolítico. Tres ejemplos de la historia reciente:

1. Durante el golpe de Estado a la Segunda República, los golpistas emplearon al pueblo rifeño (tropas moras) como carne de cañón, ubicándolo en la vanguardia de sus ejércitos y vendiendo esta alianza como una guerra santa entre musulmanes y cristianos contra quienes no tienen Dios. En el bando republicano proliferó un odio que se alimentaba de narrativas históricas, a pesar de que el rol del moro venía impuesto por la ocupación colonial del Rif, en ese momento bajo poder golpista. Esta condición de sujetos colonizados se evidenció no solo al ser empleados como tropas prescindibles, sino también una vez consumado el golpe. Al vencer, el franquismo desechó al moro mandándolo de vuelta a sus tierras ocupadas.
2. En las últimas décadas del siglo XX y principios del XXI, la imagen que se impone, debido a la dimensión adquirida por las migraciones, es la de esa población atrasada, salvaje e incivilizada que invade el territorio español (Martín Corrales, 2002). Imaginario que es respondido por una necropolítica[9] migratoria de la UE y, por tanto, de España que provoca miles de muertes cada año, al menos 10.450 en

9. Concepto que hace referencia al uso del poder social y político para dictar cómo algunas personas pueden vivir y cómo otras deben morir.

2024 (Observatorio de Derechos Humanos de Ca-Minando Fronteras, 2024) y 3.090 en 2025 (Observatorio de Derechos Humanos de Ca-Minando Fronteras, 2025)[10].

3. Tras los atentados del 11-S de 2001 impera un relato del moro-musulmán que se asocia con la amenaza terrorista, pero que a su vez está acompañado de viejas narrativas ya mencionadas. Esta imagen es respondida a nivel estatal mediante políticas antiterroristas que se enfocan especialmente en la población mora y que no solo estigmatizan y estereotipan, también monitorean, vigilan, encierran y expulsan a ese otro que presupone una amenaza. Ejemplo de ello son protocolos como los aplicados desde 2008 en las escuelas públicas bajo el nombre de Protocolo de prevención, detección e intervención de radicalización islamista (PRODERAI)[11], que tras las quejas de la comunidad estudiantil y organizaciones antirracistas cambió *islamista* por *violenta,* manteniendo un procedimiento que presupone la potencialidad terrorista en todo musulmán (Douhaibi y Almela, 2017). Otro mecanismo islamófobo es el artículo 53 de la Ley Orgánica de Extranjería, que posibilita expulsar a personas acusadas de riesgo para la seguridad nacional incluso estando nacionalizadas.

En el uso social, moro no identifica una nacionalidad ni una religión concreta: es una etiqueta que señala a quien, teniendo un determinado fenotipo[12] (piel más oscura, pelo ensortijado) o no —no parece mora/o físicamente pero vende baratijas en el mercadillo o habla una particular forma de español o viste hiyab o chilaba—, es pobre y vulnerable, y sobre quien se proyecta una narrativa respecto al islam y a las personas musulmanas.

Si bien el islam es una religión nada ajena a España y presente en muchos países de África y del mundo, esta se asocia con

10. Contabilizando solo aquellas personas que son víctimas de la necropolítica migratoria intentando llegar a España.
11. En este monográfico puede encontrarse información pormenorizada sobre este protocolo racista (*Directa,* nº 443, 11/01/2026, https://goo.su/PFYiMu9).
12. Rasgos físicos observables de una persona.

lo moro, derivando en un racismo antimusulmán o islamofobia (Adlbi Sibai, 2016) que lo vincula en el ámbito histórico español al periodo de invasión musulmana y posterior reconquista[13] cristiana mientras que, modernamente, se le asocia con el migrante sin papeles, narcotraficante y —desde los atentados del 11 de septiembre de 2001— terrorista. Además, al moro se le concibe como machista en esencia, miembro de una cultura patriarcal (como si todas las demás culturas no lo fueran), ubicando a las moras en una existencia de sumisión y en una postura de víctimas perpetuas de la cultura y de la religión que permiten la proliferación de discursos feministas hegemónicos que promulgan su salvación.

¿QUIÉNES SON LAS PERSONAS DESIGNADAS COMO GITANAS?

El Pueblo Gitano tiene su propia historia, lengua, tradiciones y cultura (Agüero y Jiménez, 2024). Sin embargo, en el imaginario hegemónico blanco/payo las personas gitanas se reducen a estereotipos: vida ruidosa en la calle, delincuencia (hurto, robo de cable, narcotráfico), vagancia, inmoralidad, ignorancia, extraña forma de hablar, cante y baile, religiosidad exacerbada, familias numerosas, suciedad y desarreglo tanto en el vestir como en el vivir (no cuidan su higiene, viven a deshoras, comen mal). Estos prejuicios[14] no son inocentes, cumplen una función social y política: justificar medidas de control, exclusión y violencia institucional absolutamente desproporcionadas e innecesarias.

Al igual que ocurre con la categoría de mora/o, gitana/o no designa únicamente un origen étnico sino una construcción social que determina quién es sospechoso, quién puede ser discriminado

13. Utilizamos este término a sabiendas de que es fruto de la ideología nacionalista española y no responde a una realidad histórica, ya que lo que aconteció fue un proceso de expansión de reinos de nueva creación (territorios cuyos gobernantes eran católicos) que conquistaban o invadían territorios que nunca les habían pertenecido y que estaban regidos por gobernantes de fe musulmana.

14. Que son solo un breve y no exhaustivo listado de los muchos que Silvia Agüero escucha cada vez que imparte una charla o un taller.

y quién puede ser tratado como prescindible. La etiqueta de gitana/o peligrosa/o actúa en múltiples planos: en la escuela, limitando el acceso a una educación inclusiva; en el trabajo, negando oportunidades e imponiendo regímenes de control arbitrario sobre la venta ambulante y la recogida de chatarra o de cosechas; en los servicios sociales, disminuyendo la asistencia y protección mientras se promueve el control de la natalidad; en los hospitales, obstaculizando la acción terapéutica del amor familiar; en la actuación policial, facilitando perfiles raciales y violencia selectiva; en el ámbito judicial, haciendo posible la sobrerrepresentación de personas gitanas en las cárceles, y en ámbito político, imponiendo sistemas de tutela y subordinación.

Ser señalada/o como gitana/o activa una lectura social que precede y determina la interacción con el Estado y la sociedad: no importa si la persona nació en España, si tiene ciudadanía o si lleva generaciones en el territorio; lo que cuenta es la categoría impuesta por el imaginario blanco/payo. Esta racialización histórica hace que cualquier acción, positiva o negativa, sea magnificada y vinculada a la naturaleza gitana. Es decir, tu esfuerzo (estudio, formación, horas de ensayo) para ser una magnífica cantaora se diluye y simplifica afirmando que lo llevas en la sangre; a la vez, si tus circunstancias socioeconómicas y educativas no te permiten otra salida que dedicarte a la delincuencia, también es porque lo llevas en la sangre. Por otro lado, esta racista incongruencia hace que los mismos actos en personas consideradas blancas/payas se normalicen (es una gran artista por su esfuerzo y sacrificio) o se justifiquen (sus actos son consecuencia de sus circunstancias) y, desde luego, no se consideren parte de su cultura.

De manera semejante a la islamofobia hacia las personas leídas como moras, el antigitanismo opera como mecanismo de control y exclusión estructural, reforzando jerarquías raciales y económicas. La discriminación hacia personas gitanas no es un hecho aislado ni un prejuicio individual: es un patrón social sostenido por siglos de políticas estatales, discursos mediáticos y prácticas cotidianas, donde la sospecha y la vigilancia sobre los cuerpos gitanos se vuelve norma y la violencia se legitima históricamente.

ISLAMOFOBIA Y MOROFOBIA

Por islamofobia podríamos describir una forma de racismo estructural e institucional que excede la simple intolerancia religiosa y se sustenta en marcadores raciales determinados por una jerarquía religiosa que inferiorizan al islam y, por tanto, a las personas musulmanas (Amazian y Douhaibi, 2019). Un proceso que es indivisible de la historia de España, incluso antes de su constitución como Estado. La derrota del moro-musulmán en 1492 se basó en esta idea de la superioridad racial religiosa, legitimando su aniquilación y constituyéndose en oposición, solidificando para la posteridad una narrativa de una asimilación imposible. La expulsión definitiva en el siglo XVII de ese otro inferior, con una identidad religiosa inferiorizada, permitió estructurar un pensamiento racial (Maldonado-Torres, 2014).

Esta islamofobia se manifiesta en la actualidad a través de discursos, narrativas culturales, políticas públicas y prácticas institucionales (seguridad, migración, educación, justicia) que construyen a las personas musulmanas, y a las percibidas como tal, como una amenaza social, cultural y política. Reducir la islamofobia a un prejuicio religioso individual oculta su carácter racializado y estatal: en contextos como el español y el europeo, la islamofobia funciona como un dispositivo de control y exclusión que criminaliza identidades, justifica vigilancia policial y securitización[15], mientras reproduce y perpetúa jerarquías raciales en nombre de la seguridad, la integración o la lucha contra el terrorismo. La islamofobia, entonces, es una forma de racismo que produce sospecha, designa perfiles raciales (perfilado policial, estigma mediático) y normaliza prácticas discriminatorias sin que se reconozca institucionalmente su dimensión racial. Por ello, el racismo antimusulmán es un concepto que se ajusta mejor para describir este fenómeno.

---

15. Securitización (del inglés *securitization*) señala el proceso a través del cual ciertos actores, como la prensa o el poder ejecutivo, presentan ante el público la existencia de supuestas amenazas (migrantes, narco, terrorismo) como un pretexto para desplegar ciertas medidas de emergencia: incremento en el número de policías, mayores recursos, más armamento, más tecnología de vigilancia y control (Wæver, 1995).

Por morofobia aludimos a una forma específica de racialización dirigida contra personas que son construidas socialmente como moras. Se refiere a la hostilidad y desconfianza proyectada sobre personas marcadas por imaginarios culturales, raciales y coloniales sobre el norte de África, aunque, como hemos dicho ya, un palestino o un sirio también son leídos como tal en el imaginario blanco español. Hablar solo de islamofobia como rechazo religioso no basta, lo que sucede en la práctica social e institucional es una racialización: cuerpos percibidos como moros son identificados como peligrosos o extraños y se convierten en objetivos de control, vigilancia, exclusión o violencia en política migratoria, en la vía pública, en la escuela o por parte de los aparatos policiales.

La morofobia no es una fobia individual; es decir, no consiste en que alguien a nivel personal sienta miedo, asco o repulsión hacia las personas moras. Es una construcción social históricamente situada que combina prejuicios culturales, estereotipos raciales y mecanismos institucionales (leyes como la de extranjería) de exclusión, y que opera como un componente central de la violencia racista contemporánea en España. Por ello, quizá, se podría describir mejor esta como un racismo antimoro secular.

ANTIGITANISMO

> "El antigitanismo es un sistema de dominación basado en la raza que tiene raíces históricas en la modernidad y que obedece a la construcción del hombre blanco europeo como modelo de humanidad, deshumanizando así a todos los demás".
>
> Cayetano Fernández Ortega
> (*El Salto*, 17 de agosto de 2019)

El antigitanismo (ECRI, 2011) es la forma específica de racismo que sufre la población gitana. Es una ideología basada en la superioridad racial. Es una forma de racismo institucional alimentado por una discriminación histórica. Es particularmente persistente, violento, recurrente y banalizado. Es la causa principal de las desigualdades que padece la población gitana.

Para que nos entendamos, el antigitanismo es la forma específica de racismo que padecemos las personas gitanas. Es una ideología basada en la superioridad de la raza paya, de sus modelos organizativos y de sus instituciones sociales, económicas, políticas, religiosas y culturales. El antigitanismo es, sobre todo, un tipo de racismo institucional. Es decir, está ejercido, perpetuado, consentido, apoyado por las instituciones y sus poderes, y es estructural (Agüero y Jiménez, 2024). De hecho, habría antigitanismo aunque no hubiera gitanas ni gitanos a quienes oprimir, perseguir, exterminar o negar. El antigitanismo en España se ha sustentado en más de 230 leyes antigitanas (Gómez Alfaro, 2009) que prohibieron y castigaron todo lo que significaba ser gitana o gitano: nuestra forma de vestir, nuestra forma de hablar, nuestra forma de vivir... Incluso en 1749 hubo un intento de exterminio; un genocidio, que diríamos en términos actuales: todas las gitanas y todos los gitanos, de todas las edades, fueron apresados. Los hombres fueron enviados a los arsenales de marina y las mujeres a las casas de misericordia. Todas y todos condenados de por vida a trabajos forzados. Y, por último, el antigitanismo está caracterizado por ser el racismo más permitido socialmente: nadie reprocha a nadie un chiste racista antigitano, ni ningún fiscal persigue de oficio a los delincuentes antigitanos aunque hayan causado un pogromo (Agüero y Jiménez, 2026).

DIFERENCIAS EN LA VIOLENCIA SEGÚN ORIGEN

No se trata aquí de ver quiénes sufren más o menos violencias racistas. Como dice Helios Garcés (2017), esto no va de competir en ningún tipo de olimpiadas de sufrimiento. Se trata de que entendamos cómo funciona este asunto del racismo y la racialización.

No toda la población migrante sufre la misma lectura racial. Muchas personas enfrentan precariedad extrema, explotación laboral y trabajos durísimos en los sectores de los cuidados, la agricultura o la hostelería, pero no suelen ser percibidas como amenaza colectiva, terrorista o narcotraficante. No se queman sus casas, no se les lincha públicamente. La violencia que padecen existe, pero adopta otras formas: explotación económica, desprotección legal, desgaste físico y emocional... Todas, evidentemente, promovidas por el Estado y la Ley de Extranjería que precariza y vulnerabiliza a las personas que no tienen regularizada su residencia en España.

Quienes viven en los guetos no son, por ejemplo, dentistas o abogados peruanos; no porque no existan, sino porque la segregación racial y de clase empuja a determinados cuerpos a ocupar siempre los mismos lugares: los márgenes, los barrios estigmatizados, los trabajos invisibles, donde la violencia se vuelve más fácil de ejercer y más difícil de denunciar. Esta misma lógica de expulsión a la periferia se observa en Europa en múltiples contextos: las comunidades romaníes/gitanas son sistemáticamente empujadas hacia zonas degradadas y privadas de servicios básicos, un fenómeno que ha sido conceptualizado como racismo ambiental por Patrizia Heidegger y Katy Wiese (2020), quienes documentan cómo la discriminación estructural produce y reproduce asentamientos marginales que condenan a varias generaciones a vivir en condiciones peligrosas y precarias.

La población negra, africana y afrodescendiente, por su parte, ocupa otro lugar en la jerarquía racial: su relación histórica con España es distinta, está marcada por el colonialismo y la esclavitud, pero la deshumanización que sufren converge en el mismo punto. Sus cuerpos también son leídos como ajenos, sospechosos, peligrosos o prescindibles, y sobre ellos también se descarga la violencia racial en forma de negrofobia. Una forma de racismo contra personas negras que responde a una historia ligada al colonialismo, la esclavitud y la migración contemporánea y que se dirige al mismo punto: la deshumanización. Aunque las trayectorias históricas no sean idénticas, el resultado es común.

¿QUÉ ES UN POGROMO?

En España no es nuevo que grupos de vecinos blancos/payos se organicen para atacar a gitanos, migrantes o moros. Tiene un nombre, aunque incomode: pogromo. No es un término exótico ni algo lejano: son persecuciones que se repiten desde hace décadas, alentadas por un racismo estructural que atraviesa gobiernos de todo signo.

No estamos hablando de peleas, ni de brotes ni de malentendidos. Hablamos de pogromos: violencia colectiva organizada, castigo público, un mensaje político que dice quién manda y quién debe tener miedo.

Derivado de la palabra rusa погром (*pogrom*), es un acto violento masivo dirigido contra un grupo minoritario por su religión, su origen nacional, su etnia o raza, o su categoría social (las prostitutas, los drogadictos, los migrantes...). Historiográficamente se utiliza para referirse a los asaltos de juderías en la España medieval y a los ataques antisemitas modernos producidos antes, durante y después de la Segunda Guerra Mundial en diversos países de la Europa central y del Este.

Para entendernos, ocurre un pogromo cuando un pueblo entero, mayoritario, homogéneo en lo étnico, religioso o nacional se levanta contra una minoría racializada para castigarla, expulsarla o destruirla parcial o totalmente.

Podríamos llamarlo cacerías racistas, linchamientos, altercados vecinales, omo prefieren quienes quieren restarle gravedad a los hechos y a sus consecuencias, suavizar y maquillar lo que ocurre cuando una marabunta de blancos/payos incendia casas de familias gitanas o cuando cristianos[16]/blancos persiguen y matan a moros; o cuando españoles/blancos golpean y humillan a niños y jóvenes migrantes solos. Son violencias colectivas dirigidas contra cuerpos racializados, legitimadas socialmente y presentadas como reacciones espontáneas, cuando en realidad responden a una larga tradición de persecución racial tolerada —y a menudo justificada— por el Estado y por la mayoría social.

Podríamos, pero las palabras importan. Las definiciones existen por alguna razón. En este caso, lo que nos interesa de pogromo es que es un concepto operativizable, es decir, que tiene capacidad para convertirse en algo práctico, funcional y útil para el propósito que nos convoca: luchar contra el racismo institucional.

Pogromo es una palabra incómoda porque nombra con precisión lo que muchos prefieren ocultar bajo eufemismos, pero es la palabra correcta. Si queremos entender la violencia racial en España, reconocer su dimensión histórica, su repetición cíclica y su profundidad estructural, debemos usarla sin miedo porque pogromo implica que, por lo menos, ha habido una inhibición, un consentimiento por parte de las autoridades cuando no un descarado avivamiento del odio o una llamada a la acción popular. Y esta es la parte evitable. Si las autoridades actúan en contra de los promotores, desactivan el odio y previenen o limitan los daños sobre las víctimas. Si, además, las autoridades promueven políticas antirracistas, el racismo empezará a dejar de ser un grave problema social.

ORIGEN E HISTORIA DEL TÉRMINO

El término *pogromo* aparece en el Imperio ruso a finales del siglo XIX, cuando se hizo necesario nombrar una forma de violencia que no encajaba en ninguna categoría previa. Entre 1881 y comienzos

16. Utilizamos aquí *cristiano* en oposición a *moro* en los mismos términos que se usa en expresiones como la "España cristiana", "todos moros o todos cristianos", etc.

del siglo XX se produjeron oleadas de ataques contra comunidades judías en territorios que hoy corresponden a Ucrania, Bielorrusia, Lituania, Polonia y Rusia. No fueron peleas ni conflictos espontáneos, sino agresiones colectivas reiteradas: multitudes entrando en barrios judíos, saqueos, incendios de viviendas y comercios, agresiones físicas, violaciones, asesinatos y expulsiones de comunidades enteras.

Estos ataques se desarrollaron en un contexto de antisemitismo social e institucional, alimentado por campañas oficiales, rumores inventados y acusaciones falsas difundidas durante siglos. Entre ellas destaca la acusación de deicidio: la creencia de que el Pueblo Judío fue colectivamente responsable de la muerte de Jesucristo. Esta acusación fue utilizada por la Iglesia y por el poder político durante siglos para justificar el odio, la exclusión y la violencia contra las comunidades judías, repetida desde púlpitos, sermones y celebraciones populares.

La pasividad, cuando no la complicidad directa, de las autoridades fue un elemento central. La policía no intervenía, el ejército miraba hacia otro lado y la justicia rara vez castigaba a los responsables. Se necesitaba un nombre para esa violencia. El pogromo no era guerra, ni delincuencia común ni un crimen individual; tampoco un genocidio planificado desde el Estado. Designa una violencia contra personas racializadas, colectiva y repetitiva, que parece surgir desde abajo, pero que solo es posible porque se tolera o se permite desde arriba.

Con el tiempo, el término se internacionalizó y pasó a utilizarse para describir episodios de violencia colectiva contra minorías cuando se repiten esos mismos elementos: ataque popular, destrucción material, mensaje de expulsión y consentimiento institucional. Por eso, pogromo no es una palabra retórica ni exagerada. Nombra una forma específica de violencia política que funciona como castigo colectivo, corrección étnica y recordatorio de quién pertenece a un territorio y quién no.

Aunque su origen esté ligado a la violencia antijudía en Europa del Este, el concepto permite analizar y visibilizar, con nombre propio y específico, también violencias históricas ocurridas en

España —desde persecuciones y expulsiones en la Edad Media hasta ataques contra el Pueblo Gitano o linchamientos colectivos contra personas migrantes— cuando no fueron hechos aislados, sino oleadas de violencia toleradas o facilitadas por el poder político.

ATAQUES RACISTAS Y POGROMOS

Un ataque racista es cualquier acción violenta dirigida contra una persona o grupo por su apariencia, origen, religión, cultura o identidad percibida. Puede ser físico —golpes, agresiones sexuales, destrucción de propiedades, vandalización de cementerios o monumentos de memoria histórica— o simbólico —amenazas, insultos, rumores, boicots o exclusión social—. Lo central es que el motivo no es personal, sino que la víctima es seleccionada por la categoría que la sociedad le ha asignado: gitano, moro, negro, indígena, migrante…

Un ataque racista puede ser individual o colectivo, puede ocurrir en la calle, en el barrio, en la escuela, en el trabajo o en instituciones, y muchas veces no requiere planificación compleja: un vecino blanco que agrede a otro porque piensa que no es de aquí, un grupo que insulta y humilla públicamente a una persona racializada o el incendio de un comercio porque es propiedad de una persona migrante son ejemplos claros.

En cambio, un pogromo es un ataque racista colectivo, organizado y consentido o instigado por las autoridades políticas o policiales. En la historia reciente del Estado español, los pogromos han seguido este patrón: una tensión racista, latente desde tiempo atrás, termina estallando por algún suceso puntual (oleada de robos, altercado violento, pelea, violación, homicidio) que actúa como detonante y tras el cual se convoca una concentración o manifestación ciudadana de protesta, espontánea o convocada por el alcalde o por la corporación, o bien es alguna asociación vecinal quien la organiza con respaldo del Ayuntamiento. En cualquier caso, al término de esa concentración legalmente autorizada y, en teoría, pacífica, es cuando un grupo de incontrolados se dirige a saciar su sed de justicia, tomándosela por su propia mano por medio de los consabidos destrozos, incendios, insultos, amenazas y agresiones contra los bienes y las personas de cualquier edad o condición que forman la comunidad a quien se considera colectivamente culpable. Todo esto ocurre siempre con la participación de las autoridades municipales, ya sea por imprevisión, inhibición o incapacidad, o directamente mostrando apoyo a los manifestantes y a sus planteamientos. Además, la policía suele desempeñar un rol pasivo. Por otro lado, otro componente de este tipo de ataques suele ser la negación de su carácter racista por parte de los vecinos payos, expresada a través de los medios de comunicación.

En otras palabras, todo pogromo es un ataque racista, pero no todo ataque racista es un pogromo. El pogromo tiene una dimensión colectiva, organizada y visible, con permiso, apoyo o complicidad institucional, mientras que el ataque racista puede ser puntual, individual o menos espectacular.

Otra enorme diferencia es que dada la organización política institucional de nuestra sociedad, es más fácil obtener reparación o castigo cuando la justicia persigue a un/os individuo/s particulares que cuando debe perseguir a una corporación municipal que convocó la manifestación que terminó con el incendio de cinco viviendas de familias gitanas o a un gobernador civil que, a pesar de las alertas previas, no puso en marcha los recursos policiales para evitar que la marabunta incendiase las casas (Río, 2003).

FABRICANDO MIEDO E INSEGURIDAD

Ahora que sabemos quiénes son las personas señaladas, conviene detenernos en una cuestión clave: cómo esa señalización se transforma en peligro social. Porque el peligro no es una realidad objetiva ni aparece de la nada. Se fabrica. Se produce. Se entrena.

No hay un momento exacto en el que alguien decida que un cuerpo es peligroso. Es un proceso lento, acumulativo, cotidiano. Se construye a base de leyes, titulares, productos culturales, discursos políticos, prácticas policiales y gestos aparentemente inofensivos. Cada elemento, por separado, puede parecer menor. Juntos, forman un sistema que legitima el control, la sospecha permanente y, llegado el caso, la violencia.

En el siguiente apartado vamos a tratar de explicar lo más brevemente posible cómo el Estado va convirtiendo a una población extranjera en sospechosa y, finalmente, en delincuente. Para ello vamos a servirnos del ejemplo de la historia legislativa antigitana, en España siguiendo muy de cerca los trabajos de Agüero y Jiménez (2024 y 2026).

DE EXTRANJERO A DELINCUENTE: FABRICACIÓN DEL PELIGRO SOCIAL

Al analizar la legislación antigitana en España entendemos cómo se ha ido modificando la representación de las personas gitanas a lo largo de la historia, que pasan de ser consideradas extranjeras a ser tratadas como delincuentes (Agüero y Jiménez, 2024).

Asimismo, si reparamos un segundo en la lógica de las leyes "anti-lo que no fuera leído como blanco", en lo que respecta a ese sujeto racial moro-musulmán, tras 1492 hubo toda una serie de políticas (pragmáticas[17]) que prohibían y perseguían sus formas de ser y existir: su lengua, vestimenta y prácticas religiosas (De Zayas, 2006). Finalmente, considerados inasimilables, cientos de miles fueron expulsados de forma masiva, decretada por Felipe III, entre 1609 y 1614, principalmente hacia el norte de África.

Por su parte, las leyes antigitanas siguieron un *in crescendo* persecutorio, según el cual se iban incrementando las conductas perseguidas y endureciendo los castigos previstos.

La primera ley antigitana de España consistió básicamente en una ley de extranjería —de regulación de la vida de unas personas a quienes se considera extranjeras— dictada para que las gitanas y gitanos "tomen oficios o vivan con señores o salgan del reino".

Esta legislación se fue reforzando por medio del endurecimiento de los castigos, pero mantuvo el mismo espíritu de integración, de regulación de la vida de estas gentes que vagaban ya que era esa vagancia, ese nomadeo, el que era percibido como fuente de conflicto.

Así, la figura de la gitana o del gitano nómada termina confundiéndose con la del sospechoso o vagabundo cuando Felipe II, en 1566, en su pragmática sobre vagabundos, ladrones, blasfemos, rufianes, testigos falsos, inductores y bígamos incluye a los gitanos y caldereros extranjeros como vagabundos y, por tanto, se determinan para ellos y ellas los mismos castigos que venían aplicándose a los vagabundos (Agüero y Jiménez, 2026).

Cuando las medidas de expulsión y de exterminio fracasaron y el desarrollo social fue implantando las modernas políticas de persecución del delito, las personas gitanas fueron convertidas en objetivos de la acción policial ya que, como decía Lombroso

17. En la jerarquía de las leyes históricas españolas, las pragmáticas ocupaban el máximo rango, equivalentes a una ley orgánica actual.

(1876), fundador de la moderna criminología: "[los gitanos] Son la viva imagen de una raza entera de delincuentes". Es decir, las personas gitanas pasaron a ser consideradas delincuentes natas y, por tanto, peligrosas, sospechosas, perseguibles, controlables.

De manera que se encomendó a la Policía[18], entre sus funciones propias, "controlar las actividades económicas ejercidas en la calle: venta ambulante, cantarines, saltimbanquis, portadores de linternas mágicas, titiriteros, volatines, conductores de osas o monas"[19]. Además, por si no quedaba claro que entre las funciones de la Policía estaba el control de la población gitana, el artículo 14.6 establece: "[atribuciones que desempeñará la Policía] Recoger los gitanos sin domicilio [...], los chalanes o corredores de caballerías que no tengan licencia de la policía, y entregarlos a disposición de la justicia". Como es bien sabido, muchas familias gitanas españolas se han dedicado al trato de ganado y han ejercido los oficios de chalanes o de corredores.

20 años después, con la creación de la Guardia Civil, este cuerpo militar vendría a reforzar la persecución de las personas gitanas. Así, la Cartilla del Guardia Civil con la que se pretendía dotar a los guardias de una serie de normas, a modo de código moral y ético, que guiaran su comportamiento a la hora de cumplir su trabajo, en su capítulo 2, artículo 10, afirma:

> [El Guardia Civil] vigilará escrupulosamente a los gitanos que viajen, cuidando mucho de reconocer todos los documentos que tengan; de confrontar sus señas particulares; observar sus trajes; contar las caballerías que lleven; inquirir el punto al que se dirigen, objeto de su viaje, y cuanto concierna a poder tener una idea exacta de los que encuentre; pues como esta gente, no tienen en lo general residencia fija, y después de hacer un robo de caballerías, u otra especie, se trasladan de un punto a otro en que sean desconocidos, conviene mucho tomar de ellos todas estas noticias.

18. Creada por Real Cédula el 13 de enero de 1824.
19. Todas estas profesiones y oficios eran ejercidos tradicionalmente por personas gitanas.

Así mismo, la aplicación de la Ley de Vagos y Maleantes durante la dictadura franquista supuso un *continuum* en relación con las prácticas históricas anteriores de represión y estigmatización del Pueblo Gitano (García Sanz, 2019) lo cual ha contribuido a reforzar esa idea de que las personas gitanas son delincuentes. Estereotipo que, con el advenimiento de la democracia, se ha ido reformulando, adaptándolo a las necesidades justificatorias del propio sistema represor del Estado para acusarlas de traficantes de droga. Actualmente, incluso, para justificar la exclusión, la discriminación, el desamparo, el abandono institucional, el incumplimiento del deber institucional (tanto estatal, como autonómico o municipal) de proveer de servicios adecuados a la ciudadanía, se acusa a las personas gitanas residentes en los guetos de cultivar marihuana y reventar así por sobreexplotación el sistema eléctrico.

La peligrosidad social, es decir, el prejuicio de que alguien perteneciente a una determinada clase social o etnia es más proclive a cometer delitos, es la clave para entender la deriva legislativa que va desde castigar las acciones (los delitos) a prevenirlas mediante el control sobre esas poblaciones convertidas en sospechosas. Este prejuicio sigue sustentando la actual práctica de perfilamiento étnico-racial, discriminatoria y contraria al ordenamiento jurídico nacional e internacional (García Añón, 2024), consistente en el uso de generalizaciones basadas en la etnia y la raza en lugar de pruebas objetivas o un comportamiento individualizado como elemento determinante para aplicar la ley o para investigar la autoría en la comisión de un delito (Ouled, 2024).

En la noción de peligrosidad social confluyen el interés del Estado por controlar a quienes parece que están fuera de la norma y el temor de la naciente y creciente burguesía a ser víctima de los delitos que podrían cometer quienes forman las capas sociales desposeídas, marginadas, pobres…

Esta lógica se mantiene hasta hoy. La idea de peligrosidad social —de que ciertos grupos son más proclives al delito— permite pasar de castigar hechos concretos a prevenir mediante el control, la identificación constante, la intervención policial y la vigilancia continua. No es una desviación del sistema: es su núcleo.

MEDIOS DE COMUNICACIÓN: APRENDER A TENER MIEDO

Los medios de comunicación han jugado y juegan un rol fundamental en esta pedagogía del miedo. En términos generales, se da una forma de funcionar a nivel mediático que está normalizada y automatizada, la cual genera la idea de la existencia de diferentes categorías de personas, reforzando prejuicios y estereotipos raciales.

Cada vez que una noticia destaca el origen racial o étnico de una persona solo cuando se informa sobre un delito, cada vez que se omiten las voces de las personas racializadas o migrantes de las que se habla o se atenúan con declaraciones de otras fuentes más creíbles socialmente, cada vez que se emplean un vocabulario y unos recursos literarios que evocan inferioridad o salvajismo (ola, avalancha); en definitiva, cada vez que se emplean enfoques que no se conciben en personas blancas, se refuerza una asociación automática entre raza y negatividad (criminalidad, falta de integración, machismo, homofobia...). Además, esta realidad se ve reforzada por una falta de profundidad en lo que respecta a información que ayude a explicar las problemáticas, dificultades, desigualdades y barreras que enfrentan personas migrantes y racializadas. El moro, el negro y el gitano solo existen en los medios cuando se trata de temas negativos.

Así se fija en el imaginario colectivo la idea de que ciertos cuerpos son peligrosos en esencia. No por lo que hacen como individuos, sino por lo que son como masa social heterogénea. Sin embargo, otros cuerpos conservan el privilegio de la individualidad: pueden equivocarse, delinquir, arrepentirse, cometer errores. Los cuerpos racializados no tienen esa opción.

LA POLÍTICA: SEGURIDAD, CONTROL Y CONSENSO

Desde la política institucional, esta narrativa se refuerza con discursos de seguridad, control migratorio y lucha contra el narcotráfico. Conviene decirlo con claridad: en el Estado español no existe una fuerza parlamentaria con una ideología claramente antirracista, promigrante o progitana. En el mejor de los casos, los poderes estatales se enuncian contra el racismo, pero en referencia a un racismo moral y despolitizado, o a favor de la migración siempre que esta sirva para realizar los peores trabajos, y todos están de acuerdo en promover políticas de asimilacionismo —especialmente en la del Pueblo Gitano— que nada tienen que ver con la emancipación ni con el derecho a la autodeterminación que asiste a los pueblos sojuzgados y sometidos.

Derecha e izquierda coinciden en lo fundamental cuando se trata de fronteras, policía, control de las personas racializadas e integración del Pueblo Gitano. El racismo se disfraza así de gestión técnica. No se habla de personas, se habla de flujos. No se habla de derechos, se habla de orden. La consecuencia es siempre la misma: más control represivo, más poder punitivo para el Estado y mayor vulnerabilidad de las poblaciones racializadas.

POLICÍA Y JUSTICIA: CUANDO EL PELIGRO SE VUELVE MORTAL

Cuando esta lógica racista llega a la policía y a la justicia deja de ser simbólica y se vuelve material: identificaciones por perfilación racial, detenciones por sospecha, uso desproporcionado de la fuerza, causas archivadas cuando las víctimas de delitos son las personas racializadas…

Cuando una persona racializada muere bajo custodia policial, el relato racista se activa de inmediato: causas naturales, mala suerte, patologías previas, supuesta actitud violenta que justifica el fatal desenlace e, incluso, culpabilización de la víctima por su propia muerte. Las investigaciones se dilatan, las responsabilidades se diluyen y la institución se protege. La peligrosidad atribuida a la víctima sirve para justificar la violencia ejercida contra ella. La impunidad no es una excepción: es una garantía del sistema.

LA VIDA COTIDIANA: EL PEGAMENTO INVISIBLE

Nada de esto funcionaría sin la complicidad cotidiana de la ciudadanía: miradas, chistes, comentarios, silencios… Cada gesto deshumanizante refuerza la idea de que hay vidas que valen menos, cuerpos que merecen menos protección y muertes que no merecen duelo público. La violencia institucional no se sostiene solo desde arriba, se alimenta de la normalización social del desprecio; normalización que se ha solidificado por siglos.

Así se construye el peligro. No como una realidad objetiva, sino como una coartada que permite al Estado controlar, castigar y, llegado el caso, matar sin escándalo social. Porque cuando el peligro está bien fabricado, lo violento deja de parecer violencia y se torna orden. Ese es el problema real: el Estado mata con consentimiento legal y social.

PATRIARCADO Y CAPITAL, ALIANZA COLONIAL

No es casual que el peligro social se fabrique siempre en torno a hombres jóvenes racializados. En este proceso de creación de la racialización y el peligro, los discursos feministas —necesarios y fundamentales en la lucha contra el patriarcado— han sido capturados por el Estado y por el orden blanco para funcionar como vara moral de medición civilizatoria. Así, el machismo o la homofobia se presentan como rasgos exagerados, casi naturales, de los hombres moros, negros o gitanos, mientras que los hombres blancos aparecen como sujetos corregibles, modernos o en proceso de deconstrucción y mejora. Esta operación no protege a las mujeres racializadas: las instrumentaliza hasta el punto de que el imperialismo occidental lleva décadas invadiendo, masacrando y expoliando países del sur global bajo la narrativa de la liberación de las mujeres o de las personas homosexuales. Aunque esos procesos no son liberadores, sino matanzas generalizadas, como a la que estamos asistiendo en Palestina.

Al construir a nuestros hombres racializados como más peligrosos, más atrasados o más inmorales, el patriarcado blanco/payo se blinda a sí mismo, desplaza la responsabilidad de la violencia estructural y legitima un mayor control policial, social y punitivo sobre comunidades enteras. La racialización del machismo no cuestiona el patriarcado: lo refuerza. Permite al hombre payo y blanco presentarse como superior moralmente y, al mismo tiempo, conservar intactos sus privilegios, mientras señala a otros hombres como amenaza y justifica intervenir, disciplinar o expulsar en nombre de la protección de sus mujeres.

En definitiva, esta fabricación del peligro no solo sirve al racismo institucional, sino que es una herramienta central del patriarcado occidental. Al señalar a los hombres racializados como los verdaderamente machistas, violentos o atrasados, el sistema envía un mensaje tranquilizador a las mujeres blancas: el problema no está en casa, no está en nuestros hombres, no es estructural. Así, se les pide que no exageren, que no se quejen tanto, que comparen. La violencia patriarcal deja de ser un problema del sistema para convertirse en un rasgo cultural ajeno. De este modo, el orden blanco se protege doblemente: refuerza el control sobre los cuerpos racializados y, al mismo tiempo, reduce la presión de los movimientos feministas sobre los hombres payos/blancos, que pueden seguir ejerciendo poder, privilegio y violencia bajo la coartada de ser menos peligrosos. El resultado no es más justicia ni más igualdad, sino un patriarcado reorganizado que utiliza el racismo para sobrevivir. Ya lo decían nuestras hermanas del antirracismo durante las protestas contra los abusos y las violaciones de mujeres jornaleras de Huelva, procedentes del continente africano, que, gracias a la desprotección administrativa institucionalizada, se producen en otros muchos campos agrícolas de España: "Patriarcado y capital, alianza colonial".

LA LIMPIEZA DE SANGRE Y EL ORIGEN DEL RACISMO ESPAÑOL

Para entender cómo funcionan hoy el racismo y la exclusión en el Estado español no basta con analizar el presente. Hay que mirar atrás, muy atrás. Porque muchas de las lógicas que hoy parecen nuevas —el señalamiento, la sospecha permanente, la jerarquización de vidas— se construyeron aquí hace siglos y, aunque con otros nombres, siguen operando hoy. La idea de la limpieza de sangre nace en España, entre los siglos XV y XVI, tras la expulsión de las poblaciones judías y musulmanas y la imposición del cristianismo católico como eje de un nuevo orden político. A partir de ese momento, no bastaba con ser cristiano: había que demostrar que se descendía de cristianos viejos, sin mezcla alguna con judíos ni musulmanes. La sangre —el origen familiar— se convirtió en un criterio central para decidir quién era legítimo y quién no para ocupar cargos de poder tanto en la Administración, como en la judicatura, la Iglesia y el ejército, o para poder ser miembro de un gremio y ejercer un oficio, empadronarse en uno u otro municipio o formar parte de una cofradía.

Un estatuto de limpieza de sangre era un expediente personal y familiar en cuya elaboración participaban autoridades civiles y eclesiásticas del lugar de origen de la persona objeto del expediente, para así dar fe de que entre sus antepasados y antepasadas no hubiera ninguna constancia de la existencia de judíos, moros o penitenciados por la Inquisición. Para ello, se ponían pasquines en la puerta de la parroquia o en el ayuntamiento, convocando a todo aquel que pudiera testificar bajo juramento en un sentido o en otro.

Además, se revisaban los libros parroquiales y el encargado del archivo tenía que expedir certificaciones de las partidas de bautismo y de matrimonio de padres y abuelos para dar constancia de la cristiandad de los mismos. Así mismo, se consultaban los sambenitos[20] de la iglesia para verificar que ninguno de los allí inscritos como penitenciados del Santo Oficio (Inquisición) tuviera relación de sangre con el solicitante (Salazar, 1991). Como se ve, no era nada fácil ni barato obtener estos documentos. Eso sí, este documento, debidamente legalizado, servía para poder estudiar en la universidad o para poder ejercer diversos cargos de los llamados de estatuto en cualquiera de los territorios de la Monarquía española. Este sistema funcionó desde el siglo XV hasta 1865 (Salazar, 1991).

No fue solo una cuestión religiosa. Fue, sobre todo, un mecanismo de control social y político. La limpieza de sangre servía para delimitar quién podía acceder a cargos públicos, a oficios cualificados, a órdenes religiosas, a universidades, a herencias o a matrimonios ventajosos. No era una creencia abstracta: tenía consecuencias materiales muy concretas. Quien no podía probar su pureza racial quedaba automáticamente fuera.

Así se creó una jerarquía social basada en el origen, en la genealogía, en la sospecha heredada. La exclusión ya no dependía solo de lo que una persona hiciera, sino de quién era y de dónde venía su familia. El estigma pasaba de generación en generación, y la desigualdad se naturalizaba.

Este es un punto clave: el racismo en España no nace como una ideología biológica, como ocurrirá más tarde en otros contextos europeos, sino que nace como una tecnología política de clasificación. Primero fue religiosa, después cultural y más tarde racializada. Pero el esquema es el mismo: dividir a la población entre quienes pertenecen plenamente y quienes siempre están bajo sospecha.

---

20. Letreros que se ponían en las iglesias con el nombre y castigo de los penitenciados por la Inquisición.

La limpieza de sangre no desapareció, sino que se transformó. Cuando ya no fue posible expulsar o exterminar libremente, el sistema aprendió a integrar de forma subordinada; a vigilar, a controlar, a señalar. Este modelo sentó las bases del racismo moderno en España. Un racismo que no siempre se nombra como tal, pero que sigue funcionando a través de la exclusión, la criminalización y la negación de derechos. Un racismo que, siglos después, sigue decidiendo qué cuerpos son respetables y cuáles son prescindibles.

Con el tiempo, esta idea dejó de ser solo un registro genealógico. Se convirtió en una forma de pensar y sentir lo que significaba ser español. La españolidad se construyó por exclusión: no ser judío, no ser moro, no ser gitano, no ser negro. La pureza de sangre pasó a ser un criterio moral y político: quien era considerado puro era automáticamente superior, legítimo, ciudadano pleno; quien no lo era podía ser marginado, perseguido o incluso asesinado sin que la sociedad lo cuestionara demasiado.

Hoy, siglos después, esa idea no ha desaparecido. Las personas que hoy se sienten orgullosamente españolas y racistas vienen de esa tradición. Ese orgullo no es solo nacionalista: es un orgullo construido sobre la exclusión del otro, sobre la idea de que ciertos cuerpos y culturas no merecen formar parte. Por eso sigue siendo posible normalizar el desprecio hacia cualquier persona racializada.

La limpieza de sangre no es un concepto muerto que solo existe en libros de historia: se transmite en la política, en los medios de comunicación, en la policía y en las miradas de la calle. Las mismas ideas que antes justificaban la expulsión de judíos y musulmanes hoy se traducen en redadas, desahucios masivos, perfiles raciales y muertes bajo custodia policial. Lo que cambia son las herramientas: antes eran documentos, inquisiciones y leyes de sangre; hoy son pistolas eléctricas, controles policiales, desalojos y políticas de extranjería.

En pocas palabras, el racismo español moderno tiene raíces directas en la limpieza de sangre histórica. Cada vez que alguien se siente orgulloso de ser español y excluye al otro por su origen, religión o color de piel, está reproduciendo, aunque no lo sepa, una misma lógica secular: una superioridad construida sobre marginalización, vigilancia y violencia.

POGROMOS DEL PRESENTE: TORRE PACHECO Y LA VIOLENCIA RACIAL COTIDIANA

A comienzos del verano de 2025, Torre Pacheco (Murcia) volvió a mostrar algo que en España se repite cíclicamente: la violencia racial organizada contra cuerpos señalados como ajenos. Las agresiones contra personas vistas como moras no tardaron en ocupar redes sociales, platós de televisión y discursos parlamentarios. Pero lo verdaderamente relevante no fue su visibilidad mediática, sino su absoluta previsibilidad. Nada de lo ocurrido fue nuevo.

La violencia racista de grupos de vecinos blancos, payos y autóctonos no es una excepción: se repite desde hace años y, demasiadas veces, se desata con brutalidad sangrante —palos, piedras y fuego— contra quienes no son blancos, ni payos ni vistos como autóctonos.

Sin embargo, cada vez que ocurre, nos lo venden como un estallido puntual o como conflictos de convivencia, como si el racismo fuera una tormenta inesperada y no un clima estable, sostenido y estructural. Como si no existiera una historia larguísima de pogromos, cacerías y linchamientos que se repiten bajo distintos nombres y excusas según la época.

En Torre Pacheco no estalló la violencia: se desbordó. Porque ya estaba ahí. Porque existe una permisividad social, claramente institucional, para señalar, expulsar y castigar a quienes no encajan en la ficción de lo propio. Y cuando a ese permiso se le suman el rumor, la mentira y la manipulación colectiva, emerge la certeza de que hay vidas que valen menos.

CRONOLOGÍA DE POGROMOS Y ATAQUES RACISTAS DOCUMENTADOS EN ESPAÑA (1980-2025)

Después de entender cómo se construyen las identidades peligrosas y cómo se ejerce la violencia racializada, conviene mirar la evidencia histórica reciente. Las agresiones, los ataques y asesinatos racistas no son casos aislados ni conflictos de convivencia: se repiten una y otra vez, siguiendo patrones claros de pogromo y violencia colectiva contra minorías racializadas. Por ello, la siguiente cronología pretende recoger algunos de los episodios más documentados en España desde finales del siglo XX hasta el verano de 2025. No es una lista exhaustiva: hubiéramos necesitado otro libro para incluir todos los ataques racistas, todas las campañas de hostigamiento que se produjeron en las décadas de 1980 y 1990 contra los centros de atención a las personas drogadictas o contra los realojos de la población gitana, todos los episodios de patrullas vecinales, todas las campañas de acoso a las prostitutas, todas las campañas contra la acogida de personas migrantes o refugiadas, todo el entramado de persecución y prohibición de la venta ambulante, y todas las actuaciones racistas de los diversos cuerpos y fuerzas de seguridad del Estado.

Tanto las personas drogadictas como las prostitutas y las vendedoras ambulantes son socialmente percibidas y etiquetadas racialmente. Tanto el hostigamiento a las personas drogadictas y a las prostitutas como la persecución y prohibición de la venta ambulante son claros componentes del racismo institucional.

Para cumplir con el afán didáctico de este libro, hemos diferenciado los pogromos de otros tipos de ataques racistas: expulsión (acto ilegal[21] ejecutado por una autoridad), oposición vecinal (a través de asociaciones vecinales o de manera espontánea, la vecindad se organiza para expresar su oposición a la apertura de una mezquita, un centro de menores, unas viviendas sociales o

21. El destierro como pena autónoma ya no forma parte de los castigos previstos en el Código Penal español, pero sí como pena accesoria para la protección de la víctima (órdenes de alejamiento, prohibición de residir por un tiempo limitado) de determinados delitos. Eso sí, siempre dictada por un juez y motivada en una sentencia.

cualquier otro equipamiento que prejuiciosamente considera que va a incidir en su seguridad), vandalismo (destrozos y pintadas con esvásticas, símbolos nazis o amenazas e insultos racistas en monumentos, templos u otros lugares simbólicos), hostigamiento (serie continuada de concentraciones, manifestaciones, ataques, vandalismo, amenazas, insultos, agresiones), ataque (acción hostil) y patrullas vecinales (grupos de vecinos que ilegalmente se organizan para incrementar la seguridad y tomarse la justicia por su mano, que actúan ante la pasividad de la policía y que rara vez ven su conducta castigada más allá de la imposición de alguna multa). En el siguiente listado señalamos quién era el alcalde y de qué partido, para que se vea claramente que en estos asuntos no hay una diferencia importante en cuanto a la ideología del responsable político.

DÉCADA DE 1980

1980. Expulsión racista en Hernani (Gipuzkoa)

Siendo alcalde Juan José Uría Zubiarrain (Herri Batasuna), el pleno municipal aprobó la expulsión de familias gitanas (40 personas) del pueblo ante las reclamaciones de vecinos blancos/payos, que les acusaban de insalubridad y delincuencia. Votaron a favor Herri Batasuna, el Partido Nacionalista Vasco y Euzkadiko Ezkerra, mientras que el PSOE votó en contra.

1983. Oposición racista vecinal en Vicálvaro (Madrid)

Siendo alcalde Enrique Tierno Galván (PSOE), miles de vecinos payos/blancos cortaron las carreteras durante varios días, reclamando más seguridad y culpando a las familias gitanas residentes en la avenida de Daroca de robos. La tensión derivó en enfrentamientos y amenazas.

1983. Oposición racista vecinal en San Cristóbal de los Ángeles (Madrid)

Siendo alcalde Enrique Tierno Galván (PSOE), cerca de dos mil personas blancas/payas se concentraron en la Plaza de Los Pinazo para exigir la expulsión de las familias gitanas tras graves choques con la policía. La protesta tuvo lugar ante la Junta Municipal y las autoridades estudiaron el traslado de las familias gitanas.

1983. Oposición racista vecinal en Vilela (Ourense)

El conflicto surgió cuando el Ayuntamiento del cercano municipio de Verín, gobernado por una corporación con mayoría de concejales centristas tras la disolución de la UCD, aprobó ceder una parcela para que la Iglesia Evangélica Filadelfia, compuesta por unos cincuenta feligreses gitanos, construyera un templo. Solo un concejal socialista votó en contra, proponiendo otros usos sociales para el terreno, mientras el alcalde, Santiago Cid Harguindey, defendía la cesión apelando a la libertad religiosa y al Estado de derecho. La medida provocó una fuerte reacción en el concejo abierto de Vilela y entre vecinos payos y católicos, que recogieron centenas de firmas y expresaron un rechazo marcado tanto por prejuicios religiosos como por estereotipos raciales hacia los gitanos.

La Iglesia Evangélica Filadelfia es una congregación pentecostal cuyos fieles practican un cristianismo no católico, y tanto la dirección como la mayoría de feligreses son gitanos. Este episodio refleja un patrón más amplio de hostilidad hacia minorías religiosas y racialización de otras espiritualidades en España durante la segunda mitad del siglo XX, donde también se han registrado otros ataques —aunque no siempre documentados por la prensa de la época— contra templos evangélicos y sus feligreses.

Hay que tener en cuenta que las distintas espiritualidades no pueden separarse de la racialización, aunque en apariencia los ataques parezcan dirigidos únicamente a la expresión religiosa.

1984. Pogromo en Torredonjimeno (Jaén)

Siendo alcalde Miguel Anguita Peragón (PCE, Partido Comunista de España), una turba cercana a mil vecinos payos/blancos intentó linchar a una familia gitana tras un altercado, incendiando con gasolina parte de su vivienda con ocho personas dentro. Varias mujeres gitanas resultaron gravemente heridas de quemaduras. El alcalde intervino para impedir un linchamiento total evacuando a las víctimas en vez de perseguir a los atacantes.

1986. Pogromo en Martos (Jaén)

Siendo alcalde Antonio Villargordo Hernández (PSOE), en julio se desató un pogromo contra el barrio gitano Cerro Bajo. Unos dos mil vecinos blancos/payos, armados con gasolina, prendieron fuego a 26 viviendas pertenecientes a familias gitanas (unas ciento cincuenta personas). Cerca del 75% de las familias gitanas huyeron del pueblo. Antonio Espejo Cañadas y Antonio Espejo Gay, los dos únicos encausados, fueron condenados por la Audiencia Provincial de Jaén a tres años de cárcel y a indemnizar con 200.000 pesetas (1.200 euros) a cada familia propietaria de las viviendas incendiadas. El alcalde declaró al diario El País (24/01/1991): "La sentencia me parece excesiva y las indemnizaciones que han de pagar los encausados mucho más excesivas, ya que los gitanos han recibido indemnizaciones y subvenciones de la Administración por la quema de sus viviendas".

DÉCADA DE 1990

1991. Pogromo en Mancha Real (Jaén)

Tras la muerte de un vecino payo/blanco en una pelea con un gitano, el alcalde Alfonso Martínez de la Hoz (PSOE) convocó un pleno extraordinario en el que pidió a las familias gitanas que abandonaran el pueblo. Al finalizar el pleno, la corporación encabezó una manifestación ilegal, a la que siguió otra al día siguiente, en la que se produjeron el incendio y la destrucción de las viviendas de siete familias gitanas que lograron salvarse huyendo del pueblo. Al reiniciarse el curso escolar, los niños gitanos tuvieron que entrar escoltados a la escuela debido al boicot, las amenazas y los insultos de las 200 madres payas de los otros escolares.

La Audiencia Provincial de Jaén condenó en primera instancia al alcalde y a diez concejales a un año de prisión menor, inhabilitación de cargo público y destierro de seis meses por delitos de manifestación ilegal y contra la libertad de residencia. Otras seis personas payas participantes en el pogromo fueron condenadas a cuatro años, nueve meses y once días de prisión menor por delitos de daños.

El Tribunal Supremo condenó al alcalde a cuatro años, nueve meses y once días de prisión por un delito de daños y otro de manifestación ilegal. La justicia también impuso prisión a otras cinco personas por destrozar viviendas de gitanos.

Las cuatro personas gitanas acusadas por el homicidio del payo recibieron condenas de quince años para el homicida y siete para la madre, el padre y el primo, considerados cómplices aunque, en todo momento, afirmaron haber acudido para tratar de evitar la pelea.

DÉCADA DE 2000

2000. Pogromo en El Ejido (Almería)

Siendo alcalde Juan Antonio Enciso Ruiz (PP), la muerte de dos agricultores a manos de un jornalero marroquí, empleado por uno de ellos, tuvo como respuesta que miles de vecinos blancos armados con bates y barras de hierro arrasaran con las viviendas, comercios, mezquitas y restaurantes de personas racializadas como moras. Además, esta turba racista incendió varios coches de las personas migrantes leídas como magrebíes. Los incendios, saqueos e intentos de linchamiento se saldaron con decenas de marroquíes heridos. *El País* (07/02/2000) informó sobre el rol pasivo de la policía: "No se actuó para impedir el ataque y saqueo de restaurantes, carnicerías y locutorios telefónicos" y "no se practicó ni una sola detención, salvo la de un inmigrante marroquí que (supuestamente) había intentado agredir con arma blanca a un agente".

El alcalde, en declaraciones a *El País* (07/02/2000) responsabilizaba implícitamente de los incidentes a los inmigrantes al reclamar más policía para "controlar a personas que pueden infundir sospechas". El conflicto terminó cuando una huelga indefinida, organizada por los propios inmigrantes, paralizó la actividad en los campos.

2000. Pogromo en Almoradí (Alicante)

Siendo alcalde Antonio Ángel Hurtado Roca (PP), el 17 de junio falleció el payo Miguel Ángel Martínez Riquelme a consecuencia de la puñalada recibida en una pelea por asuntos de droga con el gitano Francisco Ruano (condenado por este homicidio a 15 años de prisión). Tres días después, unos mil payos/blancos participaron en una concentración —promovida por las asociaciones Amanecer sin droga y Jóvenes de Almoradí y con el respaldo de la Corporación Municipal— en contra de la droga, tras la que se dirigieron al barrio la Cruz de Galindo, donde residían siete familias gitanas (unas setenta personas) y varias familias de migrantes de origen marroquí. Un grupo de unos doscientos vecinos payos participantes en la manifestación destrozaron cuatro vehículos, asaltaron ocho viviendas —incendiando dos de ellas, pertenecientes a familias gitanas— e impidieron que los bomberos accedieran a la zona para sofocar los incendios provocados. La huida temporal de varias familias gitanas evitó males mayores. Así mismo, un grupo de hombres marroquíes se enfrentaron a los manifestantes y evitaron que siguieran destrozando las viviendas y los vehículos.

Los sucesos fueron presenciados por dotaciones de la Policía Municipal y de la Guardia Civil, que no actuaron con la debida diligencia para impedirlos. La Guardia Civil identificó a los protagonistas de los incidentes, pero no hubo detenidos hasta el día 25, cuando seis payos fueron puestos a disposición judicial. En junio de 2005, la Audiencia Provincial de Alicante les absolvió del delito de incendio con peligro para la integridad física de las personas y los condenó por el delito de desórdenes públicos a un año de prisión.

El subdelegado del Gobierno en Alicante, Luis Garrido, reconoció en declaraciones a la Agencia EFE, recogidas por diversos periódicos que la Guardia Civil, que preveía que la manifestación podría derivar en incidentes, por lo que efectivos del cuerpo desalojaron varias viviendas del barrio. Una vecina gitana afectada manifestó a *La Voz de Galicia* (22/06/2000): "La Policía solo nos dijo que si venía gente, cerráramos la puerta y no abriéramos, nada más".

El alcalde afirmó en declaraciones a *El Mundo* (21/06/2000) que aquello era "un hecho puntual que no hay que sacar de contexto" para negar que fuera un pogromo racista.

2004. Oposición racista vecinal en Navas del Marqués (Ávila)
Siendo alcalde Gerardo Pérez (PP), hubo protestas vecinales por la apertura de una mezquita. Vecinos blancos cristianos de Navas del Marqués inician una recogida de firmas en contra.

2005. Pogromo en Cortegana (Huelva)
Siendo alcalde Antonio Marín (Izquierda Unida), tras el homicidio de Matías Vázquez Cáceres (payo) a manos de J. M. A. M. (condenado a 15 años de prisión por ello), el alcalde convocó una manifestación contra la inseguridad que se desvió del recorrido autorizado y se dirigió al barrio de las Eritas, donde unas dos mil personas payas/blancas asaltaron 12 casas y coches de familias gitanas, arrojaron piedras, quemaron los pajares de las cuadras de caballos situadas en las partes traseras de las viviendas y profirieron insultos, destrozando puertas y ventanas.

Las fuerzas del orden no evitaron los daños ocasionados a las propiedades de las familias gitanas. El alcalde resultó absuelto de los delitos de desórdenes públicos y de daños. Seis vecinos payos fueron condenados a un año y nueve meses de prisión por un delito de desórdenes públicos y a una multa de 2.160 euros por el delito de daños. El Tribunal acordó una indemnización de 3.000 euros a cada una de las 12 personas gitanas propietarias de las viviendas dañadas, así como el pago de 21.807 euros por los daños sufridos en vehículos y enseres.

2006. Oposición racista vecinal en La Puebla, Cartagena (Murcia)
Siendo alcaldesa Pilar Barreiro Álvarez (PP), un grupo de vecinos se movilizó contra la apertura de una mezquita en el pueblo con la intención de presionar al consistorio o al dueño del local, que pretendía alquilarlo para el establecimiento de un lugar de culto. En el comunicado difundido indicaron que "es sabido que cuando se reúnen muchos de ellos hasta hay peleas y desórdenes y además sabemos que esas mezquitas no se utilizan para rezar, sino para captar adeptos al terrorismo, venta de drogas y otras cosas que no nos hacen falta en La Puebla".

2007. Oposición racista vecinal en Alzira (Valencia)
Siendo alcaldesa Elena María Bastidas Bono (PP), cerca de setecientos vecinos protestaron contra la apertura de una mezquita en Alzira con expresiones del tipo: "No lo queremos aquí", "no me fío" o "tengo miedo".

2008. Pogromo en Castellar (Jaén)
Siendo alcalde Pedro Magaña Moreno (PSOE), tras una pelea en la zona de movida nocturna del pueblo entre jóvenes payos y gitanos, la Plataforma Ciudadana del Medio Rural convocó una concentración, autorizada por la Subdelegación del Gobierno, por la paz y la convivencia. Al terminar, cientos de vecinos payos/blancos se dirigieron al barrio donde mayoritariamente residían las familias gitanas y rodearon las viviendas, gritaron amenazas e insultos y apedrearon las fachadas. La fuerte presencia policial impidió que las viviendas fueran asaltadas. No obstante, la huida de la mayor parte de las personas gitanas evitó males mayores.

Al día siguiente, dos mujeres gitanas fueron apedreadas por vecinos payos y resultaron heridas en brazos y piernas. El alcalde, según recogió Europa Press (28/10/2008), afirmó que "si alguien ha decidido dejar la población ha sido porque así lo ha querido, dentro de su libertad de movimientos", tratando de minimizar así los sucesos, que calificó de problemas de convivencia, y su carácter racista antigitano.

2009. Oposición racista vecinal en Badalona (Barcelona)
Siendo alcalde Jordi Serra Isern (PSOE), los vecinos de Badalona, organizados en contra de la apertura de una Mezquita para los más de 1.800 musulmanes censados en el municipio.

DÉCADA DE 2010

2010. Oposición racista vecinal en Silla (Valencia)
Siendo alcalde Francesc Baixauli Mena (PSOE), los vecinos de Silla recogieron firmas contra la apertura de una mezquita entre acusaciones de degradación del barrio y riesgo para las mujeres que pasasen por delante.

2014. Pogromo en Estepa (Sevilla)
Siendo alcalde Miguel Fernández Baena (Partido Andalucista) se produjo una manifestación no autorizada de cerca de cuatrocientos vecinos payos, tras la que algunos de ellos asaltaron varias casas, que saquearon, destrozaron e incluso prendieron fuego en dos casos. Una vez más, no hubo daños personales porque las familias gitanas huyeron. 24 personas payas acabaron acusadas por estos delitos.

2014. Pogromo en Castellar (Jaén)
Siendo alcalde Gabriel González (PP), después de una riña entre una familia paya y otra gitana, se convocaron protestas en redes sociales para echar a los gitanos. Algunos vecinos quemaron parcialmente una vivienda gitana y dañaron coches.

El alcalde convocó a familias gitanas y a portavoces del malestar vecinal para instar a las familias gitanas a que abandonaran sus viviendas y se marcharan del pueblo. Incluso les llenó los depósitos de combustible de sus vehículos, un hecho que confirmó al *Diario JAÉN* (24/08/2014): "Todos se fueron libremente, nadie les obligó. Y a los que no tenían medios para hacerlo, les dimos esa ayuda".

No hubo ni detenidos ni acusados.

2014. Vandalismo racista en Granada, Madrid, Salamanca y Zamora
Varios grupos de neonazis atacaron mezquitas tras los atentados en Bruselas.

2017. Vandalismo racista en Burgos, Cádiz y Jaén
Ataques a mezquitas tras los atentados en París. Los agresores pintaron esvásticas y mensajes que decían: "putos moros", "Islam fuera de Europa" o "aquí rezan asesinos".

2017. Vandalismo racista en Fuenlabrada (Madrid), Granada, Logroño, Sevilla y Tarragona
Varias mezquitas fueron atacadas y vandalizadas tras los atentados en Barcelona y Cambrils con pintadas y mensajes como "Asesinos, lo vais a pagar! [sic]", "Moro que reza, machete a la cabeza! [sic]" o "Stop Islam! [sic]".

2017. Pogromo en Fortuna (Murcia)

Siendo alcalde José Enrique Gil Carrillo (PSOE), tras una manifestación ante el Ayuntamiento, la marcha acabó frente a las viviendas ocupadas en las que residían ocho familias gitanas (niños y niñas, personas mayores, enfermas e incluso con diversidad funcional). La masa enfervorecida de payos protagonizó una serie de ataques en su contra: apedreamientos, agresiones físicas y verbales y diversos daños en las propiedades llegando los agresores incluso a volcar un vehículo. Así mismo, apedrearon a los agentes de la Policía Local y de la Guardia Civil que intentaron detener los ataques, resultando dos de los agentes heridos. También dos personas gitanas sufrieron heridas. Cuatro familias gitanas huyeron y evitaron así ser linchadas.

La Guardia Civil puso a disposición judicial a 13 personas acusadas de los disturbios, que reconocieron su participación y fueron condenadas por el delito de desórdenes públicos a tres meses de prisión suspendida; además, 11 de ellas fueron condenadas a pagar 1.800 euros de multa por el delito de daños a la propiedad y 10 por el delito leve de lesiones, una multa de 30 euros.

El alcalde se posicionó a favor de los racistas: "Denunciar, es lo único que podemos hacer para tomar medidas radicales y sacar a esta gente de las casas que no son suyas".

2018. Oposición racista vecinal en Madrid

Siendo alcaldesa Manuela Carmena Castrillo (Ahora Madrid), padres y madres del alumnado del IES San Fernando, situado en la carretera de Colmenar Viejo, se organizaron en contra de la reubicación de un grupo de menores inmigrantes en el complejo educativo, alegando que su proximidad atentaba contra los derechos de sus hijos y llegando a pedir amparo a la fiscalía. En un comunicado hecho público se asoció a los chavales migrantes con agresiones y robos.

2019. Hostigamiento racista contra un centro de menores en Madrid

Siendo alcalde José Luis Martínez-Almeida Navasqüés (PP), desde octubre de 2019 hasta noviembre de 2025 (última noticia que hemos podido documentar), el Centro de Primera Acogida de Hortaleza y los jóvenes migrantes que residen en él han sufrido una campaña de hostigamiento racista que incluye: asaltos (30 jóvenes armados con palos, piedras y botellas intentaron asaltar de noche el centro), agresiones (tres residentes golpeados con remos, otros tres agredidos con gas pimienta), amenazas e insultos, concentraciones de ultraderechistas, el lanzamiento de una granada que no explotó —de cuya autoría nada se informó—. Tanto VOX como PP están instrumentalizando el Centro en sus campañas de propaganda.

Los vecinos se han concentrado en varias ocasiones para mostrar su repulsa por los ataques contra el Centro.

2019. Ataque racista contra centro de menores en Castelldefels (Barcelona)

Siendo alcaldesa María Asunción Miranda Cuervas (PSC-PSOE), un centro de acogida de menores inmigrantes fue asaltado de noche por unos veinticinco encapuchados. Rompieron mobiliario y lanzaron piedras contra jóvenes y educadores; tres menores resultaron heridos.

2019. Oposición racista vecinal en Cartagena (Murcia)

Siendo alcaldesa Ana Belén Castejón (PSOE), unos vecinos de la barriada Cuatro Santos de Cartagena recogieron firmas en contra de la apertura de una mezquita. Los vecinos argumentaron que la apertura generaría una masificación del barrio, problemas de aparcamiento e inseguridad, por lo que exigían su traslado a una zona más alejada del barrio.

2019. Ataque racista contra un centro de menores en El Masnou (Barcelona)

Siendo alcalde Jaume Oliveras i Maristany (Esquerra Republicana de Catalunya), una manifestación vecinal contra un centro de menores acabó en enfrentamientos con otra protesta solidaria. Hubo lanzamientos de piedras y cuatro personas resultaron heridas. Algunos atacantes gritaban: "Fuera menas de nuestros barrios".

Varios manifestantes se dirigieron después al centro de menores de la localidad, donde agredieron a uno de los integradores al grito de "moro de mierda, vete a tu país". Mientras tanto, entraron más personas al centro lanzando numerosas piedras y otros objetos contundentes contra los menores y trabajadores.

DÉCADA DE 2020

2020. Oposición racista vecinal en Las Palmas de Gran Canaria

Siendo alcalde Augusto Hidalgo (PSOE), en plena pandemia de la covid-19 y ante la llegada de diversas pateras a la isla, varias personas migrantes fueron reubicadas en un hotel del sur en Maspalomas. Este hecho generó rechazo vecinal, desencadenando actos violentos como el ataque a un centro de menores extranjeros, que fue apedreado.

2021. Patrullas racistas vecinales en Las Palmas de Gran Canaria

Siendo alcalde Augusto Hidalgo (PSOE), se produjeron diversas manifestaciones y ataques contra población migrante a manos de grupos de vecinos, organizados y armados, patrullando diversos barrios de la isla. Solo en el mes de enero se reportaron, al menos, agresiones contra siete marroquíes alojados en un colegio convertido en campamento y amenazas del tipo: "Si viene un moro, o se despierta en la UCI o en una caja".

2021. Oposición racista vecinal en Lorca (Murcia)

Siendo alcalde Diego José Mateos Molina (PSOE), los vecinos del barrio de Apolonia protestaron contra la apertura de una mezquita y pidieron que fuera trasladada a otro lugar. El concejal de Urbanismo (PSOE) afirmó que el Ayuntamiento "estuvo en todo momento mediando" para que la comunidad musulmana encontrara otra ubicación. "Hemos localizado tres emplazamientos distintos pero era trasladar el problema de un lugar a otro", justificó.

2021. Pogromo en Torredembarra (Tarragona)

Siendo alcalde Eduard Rovira Gual (ERC, Esquerra Republicana de Catalunya), después de una concentración en la que 300 vecinos blancos de la localidad reclamaron más seguridad a raíz de delitos presuntamente cometidos por jóvenes migrantes ocupas, unos ochenta blancos participantes en la concentración se dirigieron a la casa ocupada profiriendo insultos racistas y amenazas. La policía impidió que llegaran a la casa ocupada. Posteriormente, un grupo de blancos agredió en un parque a tres residentes del centro de menores mientras otro grupo, de unos cincuenta blancos —según testigos presenciales, simpatizantes de la extrema derecha—, asaltaba el centro de menores, rompía los cristales de la puerta de acceso y de las ventanas, y dañaba mobiliario del interior. Los residentes se tuvieron que refugiar en las habitaciones hasta la llegada de la policía.

Una docena de residentes en el centro de menores huyeron. El consistorio lamentó y condenó los hechos, pero señaló que era una legítima concentración.

Días después, la plataforma Torredembarra Antifeixista convocó una concentración contra el racismo a la que asistió un centenar de personas.

2022. Pogromo en Peal de Becerro (Jaén)

Siendo alcalde David Rodríguez Martín (PSOE), tras una concentración autorizada por la Subdelegación del Gobierno (5.000 asistentes) en repulsa por el homicidio de un vigilante de seguridad, en la que se exigía la expulsión del barrio de los familiares del presunto autor del apuñalamiento, un grupo de vecinos payos asaltó y vandalizó seis casas pertenecientes a familias gitanas, incendiando una vivienda y dañando tres coches. Siete familias gitanas huyeron, consiguiendo así evitar ser linchadas.

Diversas asociaciones gitanas denunciaron la pasividad de las fuerzas de seguridad durante el ataque racista. El alcalde resaltó la actitud cívica de los participantes en la concentración[22] y la subdelegada del Gobierno, Catalina Madueño aseguró a Europa Press (25/07/2022) que "ni Peal de Becerro ni la provincia de Jaén son racistas".

---

22. *ABC*, 20/07/2022.

El Ministerio de Derechos Sociales y Agenda 2030 convocó una reunión urgente con el Ayuntamiento, la Junta de Andalucía y el Consejo Estatal del Pueblo Gitano con el objetivo de restaurar la convivencia. El Ayuntamiento tapió la entrada de dos viviendas pertenecientes a las familias afectadas y el Tribunal Superior de Justicia de Andalucía condenó a 17 años de prisión al homicida y a que indemnizara a cada uno de los progenitores del fallecido con 99.900 euros (más otros 21.400 para cada hermano y 14.200 a la pareja).

A pesar de que la fiscalía abrió diligencias, no nos consta que haya habido ninguna persona acusada por los destrozos de las viviendas y los bienes de las familias gitanas.

2023. Oposición racista vecinal en Torrent (Valencia)

Siendo alcaldesa Amparo Folgado Tonda (PP), alrededor de cien vecinos de Torrent protestaron en contra de la apertura de una mezquita al grito de "no a la mezquita en nuestro barrio".

2024. Oposición racista vecinal en El Molar, Pedrezuela y El Vellón (Madrid)

Unos vecinos de la Sierra Norte se manifiestan para exigir el cierre del centro de menores migrantes no acompañados de El Vellón, el cual asocian con problemas de inseguridad en este pueblo y en otros cercanos. Los manifestantes se reunieron en la plaza del pueblo y, más tarde, acudieron a la puerta del centro de menores tutelados. El alcalde de Pedrezuela, Rodrigo García Zafra (PP) emitió un comunicado diciendo que estos problemáticos menores "están sembrando el pánico y poniendo en riesgo la pacífica convivencia ciudadana", por lo que pidió su traslado de "forma urgente a otro lugar alejado de nuestras poblaciones".

2024. Ataque racista contra un centro de menores en Cala Rajada, Capdepera (Mallorca)

Siendo alcaldesa Mireia Francesca Ferrer Jaume (PP), los atacantes dispararon perdigones y arrojaron piedras contra la fachada de un centro de menores migrantes. El ataque se produjo en un contexto de quejas vecinales contra los menores y se había iniciado una recogida de firmas para que trasladasen el centro. Tras el ataque, los menores fueron reubicados en otros centros y el inmueble quedó vaciado.

2025. Hostigamiento racista contra un centro de menores en Piera (Barcelona)

Siendo alcaldesa Carme Gonzàlez (Sumem per Piera), los Mossos d'Esquadra detuvieron a cinco personas, una de ellas menor, por su vinculación con las agresiones que sufrieron varios jóvenes, dos de ellos menores, de un centro tutelado de la Generalitat. Los asaltos se prolongaron durante días, tanto fuera como en el centro, que fue atacado con líquido inflamable y piedras, que se incendiaron parcialmente. Al menos tres jóvenes fueron heridos, dos menores tutelados y un joven de 18 años, también tutelado, que sufrió una fractura nasal y otras contusiones de diversa consideración.

2025. Vandalización racista en Piera (Barcelona)

Siendo alcaldesa Carme Gonzàlez (Sumem per Piera), en el contexto de los ataques al centro de menores de la misma localidad, incendiaron la nueva mezquita de Piera días antes de su inauguración. El establecimiento, con una capacidad inicial de 500 personas, quedó absolutamente calcinado por las llamas.

2025. Hostigamiento racista contra centro de menores en Alcalá de Henares (Madrid)

Siendo alcaldesa Judith Piquet Flores (PP) y en un contexto de criminalización política y vecinal contra el Centro de Atención, Emergencia y Derivación (CAED) de Alcalá de Henares, desde su apertura a finales de 2023, se produjo una violación en las inmediaciones del mismo que fue atribuida a un menor del centro. El hecho fue canalizado por la extrema derecha para propagar mensajes racistas y organizar concentraciones frente al mismo durante varios días, aupadas por declaraciones del consistorio en manos de la derecha (PP). También se produjeron pintadas en las inmediaciones del centro; algunas rezaban "Negros al cementerio", acompañadas de esvásticas.

2025. Pogromo en Torre Pacheco (Murcia)
Siendo alcalde Pedro Ángel Roca Tornel (PP), tras la agresión a un vecino a manos de un joven marroquí, grupos ultraderechistas y neonazis convocaron a la caza del moro a través de redes sociales llamando abiertamente a la caza del moro. Se dieron disturbios callejeros a los que se sumaron vecinos de la localidad alentados por el alcalde popular y plataformas de comunicación ultras. Cientos de manifestantes encapuchados recorrieron y agredieron a todo aquel que parecía moro, adentrándose en barrios donde residen principalmente personas así leídas, armados con palos y lanzando consignas racistas. Se incendiaron vehículos y comercios, se agredió a menores y se vandalizaron sus domicilios.

2025. Ataque racista contra un centro de menores en Vallirana (Barcelona)
Siendo alcaldesa Eva María Martínez Morales (Partido Socialista de Cataluña/PSOE), atacaron un centro de menores con dos cócteles molotov. Uno de los artefactos incendiarios caseros cayó en el jardín del centro y el segundo impactó contra un coche que había en la zona y lo incendió. El ataque se llevó a cabo a las cuatro de madrugada, cuando todas las personas del centro estaban durmiendo sin causar heridos.

La Comisaría General de Información de los Mossos se hizo cargo de la investigación por un posible delito de odio.

Esta cronología demuestra un patrón claro: la violencia racializada en España no es ocasional, sino histórica y estructural, y, en consecuencia, repetitiva. Los pogromos y ataques documentados muestran que ciertos cuerpos —gitanos, moros, migrantes— han sido y siguen siendo deshumanizados, perseguidos y castigados colectivamente, muchas veces con complicidad o tolerancia institucional. Reconocer estos hechos es esencial para entender que la violencia racial en España no surge de conflictos puntuales, sino de una tradición de exclusión sistemática y racialización social que atraviesa siglos y continúa hoy día.

Además, conviene subrayar que no existe una verdadera convivencia: la vida en cada pueblo y barrio de España con personas racializadas es profundamente deshumanizadora y hostil. Esta hostilidad estructural provoca que cualquier roce, cualquier conflicto menor, pueda desencadenar un pogromo una y otra vez. Los datos muestran patrones claros: Cataluña y Madrid concentran la mayor parte de los pogromos contra personas migrantes, especialmente menores, mientras que Jaén lidera los pogromos dirigidos contra familias gitanas.

Tras cada uno de estos episodios, no se han producido detenciones masivas, ni inversiones económicas significativas en políticas antirracistas ni una respuesta clara y contundente del Estado. Al contrario, tanto la izquierda como la derecha han utilizado estos pogromos como material para debates políticos, convirtiendo la violencia racial en un instrumento de disputa partidista en lugar de abordarla como un problema político y estructural que requiere intervención inmediata y sostenida.

A NUESTROS PEQUEÑOS TAMBIÉN: LA EDUCACIÓN RACISTA EN ESPAÑA

Entre finales de los años setenta y los noventa, mientras en el discurso oficial se hablaba de democracia, igualdad y derechos, en los barrios y pueblos de España se producían escenas que hoy nos cuesta mirar de frente: padres y madres bloqueando puertas de colegios, sacando a sus hijos de clase, organizando huelgas escolares, cortando carreteras, insultando y amenazando. Todo para impedir que niñas y niños gitanos se sentaran en las mismas aulas que sus hijas e hijos.

No hablamos de un caso aislado. Hablamos de cientos. Solo entre 1976 y 1995, *El País* documentó 213 acciones colectivas antigitanas, muchas de ellas directamente relacionadas con la escolarización: negación de matrículas, boicots, presión vecinal, expulsiones encubiertas. Lo que contamos en el siguiente apartado es solo aquello que quedó registrado y hemos podido documentar.

VICÁLVARO, 1985: 'YO NO SOY RACISTA, PERO...'

Uno de los casos más conocidos —y más brutales en su normalización del racismo— ocurrió en Vicálvaro (Madrid), en enero de 1985, en el CEIP Doctor Severo Ochoa.

35 niños gitanos asistían desde hacía tiempo a un aula puente situada en una parroquia. No era una escuela digna: mezclaba edades de seis a quince años y funcionaba como un parche, una forma

de tener a los niños apartados, sin mezclarlos con el resto. Cuando el aula puente fue desalojada por el riesgo de derrumbe del local que la albergaba, la solución lógica —y legal— era escolarizar a esos niños en el colegio público que estaba a apenas doscientos metros y que, además, tenía aulas vacías. Sin embargo, la reacción del barrio fue inmediata. Madres y padres del colegio dijeron que no llevarían a sus hijos a clase si entraban los niños gitanos. Se organizaron boicots, amenazas, asambleas vecinales. Se hablaba abiertamente de violencia: "Como el martes entre un gitano al colegio, se lían a palos con él", decía una trabajadora de la guardería del barrio. No lo decía como exageración, lo decía como advertencia. Y, como tantas veces, el racismo se expresaba con la frase más repetida de este país: "No soy racista, pero no me gusta que estén mezclados".

La mezcla —la convivencia real— era el problema. Como reconocían algunos vecinos: si entran en el colegio, se quedan. Si aprenden, existen. Si existen, hay que compartir espacio, recursos, derechos. Mientras tanto, las criaturas gitanas hablaban de aprender a leer, de dibujar casas, de hacer cuentas. Decían que querían ir al colegio con las niñas payas y los niños payos. No entendían el odio que despertaban. Eran niñas y niños.

Las instituciones del Estado, lejos de actuar con contundencia, dudaban. La concejala socialista del distrito llegó a justificar la no admisión para "no meterlos en la boca del lobo". Es decir, en lugar de proteger a los niños frente al racismo, se les apartaba para no molestar a los racistas.

No era solo Vicálvaro. No fue una excepción; fue una escena repetida una y otra vez en distintos lugares del país:

- En Burjassot (Valencia) se rechazó la matrícula de 47 niños gitanos en colegios públicos.
- En Ripollet (Barcelona), 45 niños fueron rechazados.
- En Campanillas (Málaga), 800 familias boicotearon el colegio por la llegada de 14 niños gitanos.
- En Andújar y Mancha Real (Jaén), cientos de padres bloquearon colegios y los niños solo pudieron entrar escoltados por la policía.

- En Gijón, Huelva, Burgos, Murcia, Tarragona y Madrid se repitieron huelgas escolares, piquetes, amenazas y exclusión sistemática.

Siempre el mismo argumento: no somos racistas, pero aquí no. No así. Juntos, no. Y siempre el mismo resultado: infancias gitanas marcadas desde el inicio como peligrosas, como problema social, como amenaza al orden.

Negar la escolarización no es un detalle menor. No es solo impedir que un niño vaya a clase, es condicionar su presente y su futuro. Es decirle, desde los cinco o seis años, que no pertenece a la sociedad. Que su cuerpo molesta. Que su presencia genera conflicto. Que su futuro vale menos.

Cuando un barrio entero se organiza para que un niño no aprenda a leer, no estamos ante un conflicto vecinal: estamos ante una violencia estructural. Y cuando el Estado no responde con sanciones, inversión educativa, políticas antirracistas reales y protección activa de la infancia, está siendo cómplice y perpetuando el fracaso del sistema escolar con la infancia gitana, truncando su desarrollo académico y negándole el único posible ascensor social: la escolarización y formación.

Luego llegan los discursos sobre su absentismo y el fracaso escolar. Pero esa historia empieza mucho antes. Empieza en la puerta del colegio: con padres y madres gritando, con niñas y niños escoltados por policías, con aulas puente que segregan, con administraciones que miran hacia otro lado.

La exclusión escolar de la infancia gitana en España no fue un accidente ni una suma de conflictos locales mal gestionados. Fue y es un patrón de acción racista sostenido en el tiempo, protagonizado por asociaciones vecinales, asociaciones de padres y madres, ayuntamientos (concejalías de educación), gobiernos autonómicos y sus 17 consejerías de educación, el ministerio, la inspección educativa, las facultades y escuelas de magisterio, las asociaciones profesionales, los centros educativos, las maestras y maestros de infantil y primaria, los profesores y profesoras de instituto y demás agentes payos intervinientes y responsables del continuo racismo antigitano en todo el trayecto escolar y formativo.

Desde finales de los años setenta y durante al menos dos décadas se repiten boicots, huelgas escolares, bloqueos de colegios, escoltas policiales y expulsiones *de facto,* siempre bajo el mismo marco discursivo: nuestros hijos (payos) frente a los suyos (gitanos).

Llegados a este punto, conviene mencionar que durante años España se ha mantenido en el *ranking* de los tres primeros países de la Organización para la Cooperación y el Desarrollo Económico (OCDE) con mayor presencia de centros gueto en las primeras etapas educativas, una realidad que incide directamente en el alumnado racializado y de bajo nivel adquisitivo. Nadie quiere llevar a sus hijos a coles de moros y gitanos. Esta segregación se arrastra en etapas formativas posteriores y afecta a la igualdad de oportunidades.

No obstante, no es la única realidad que han de enfrentar en la etapa educativa, pues hay que sumarle un currículo que omite o infrarrepresenta aquella parte de la sociedad que no es blanca, al tiempo que destaca la prevalencia de una perspectiva colonial en la narración de la historia, situando al sistema educativo como un espacio de transmisión de representaciones que perpetúan y refuerzan el racismo (Zúñiga *et al.*, 2022). Por último, pero no menos importante, incidir en que a esta realidad se le suman los prejuicios y los estereotipos raciales de compañeros e, incluso, del equipo docente y directivo, haciendo de estos centros, espacios de perpetuación del racismo.

CRONOLOGÍA DEL RECHAZO A LA ESCOLARIZACIÓN GITANA

Lo que sigue a continuación no es una recopilación exhaustiva, pero sí una cronología que demuestra que el rechazo a la escolarización gitana fue colectivo, organizado y normalizado en distintos puntos del Estado.

1978. Burgos (Castilla y León), 19 de mayo de 1978

Las obras de una escuela destinada a niños gitanos en las calles Cabestreros y Fernán González fueron paralizadas tras la presión vecinal. La Coordinadora de Asociaciones Gitanas denunció el caso como discriminación institucional y una forma explícita de perpetuar la segregación educativa. Este episodio marca uno de los primeros conflictos escolares antigitanos documentados en democracia.

1983. Vicálvaro (Madrid), 6 de mayo de 1983

Miles de vecinos protagonizan cortes de carretera y bloqueos en protesta por la presencia de familias gitanas asentadas en la avenida de Daroca. El conflicto vecinal se proyecta directamente sobre la escolarización de sus hijos e hijas, cuestionando su derecho a acceder a los centros públicos del barrio.

1983. San Cristóbal de los Ángeles (Madrid), 20 de noviembre de 1983

Alrededor de dos mil personas se concentran frente a instituciones educativas del barrio, exigiendo la expulsión de familias gitanas tras enfrentamientos previos con la policía. La magnitud de la protesta convierte la escolarización gitana en un conflicto comunitario de gran escala.

1983. Moratalaz (Madrid)

Los vecinos organizan acciones colectivas —incluidos cortes de carreteras— vinculadas a la presión contra colonias gitanas y a la intención explícita de frenar la escolarización integrada en los centros públicos del distrito.

1984-1985. CEIP Doctor Severo Ochoa, Vicálvaro (Madrid), 27 de diciembre de 1984; 8 y 9 de enero de 1985

Tras el anuncio de la escolarización de 35 niños gitanos, madres y padres organizan boicots y protestas en las puertas del colegio. Los menores solo pueden acceder a clase escoltados por la policía, convirtiendo el centro en un símbolo antigitano.

1985. Gijón (Asturias), de marzo a mayo de 1985
Protestas de padres y madres contra la presencia de alumnado gitano en el CEIP Laviada y otros centros públicos. Se registran episodios de confrontación y rechazo abierto a la escolarización integrada.

1985. Sangonera (Murcia), 10 de diciembre de 1985 (aprox.)
Padres de tres colegios convocan una huelga escolar para impedir la llegada de una familia gitana. Cerca de mil niños payos son utilizados como herramienta de presión para bloquear el acceso normal a la escuela. El caso se documenta en estudios académicos como ejemplo claro de una huelga escolar antigitana.

Entre finales de los años 80 y principios de los 90, Burgos (Castilla y León)
Se repiten protestas organizadas que bloquean la entrada de niños gitanos en distintos colegios públicos durante varios cursos consecutivos, confirmando un patrón persistente de rechazo más allá de incidentes aislados.

1987. Huelva, 24 de octubre de 1987 (aprox.)
En una barriada onubense, unos ochocientos escolares secundan una huelga impulsada por sus padres para exigir la expulsión de una familia gitana del entorno escolar.

1989. Campanillas (Málaga), 8 de noviembre de 1989
Boicot escolar masivo contra la llegada de 14 niños procedentes del poblado de Los Asperones. Cerca de ochocientos alumnos dejan de asistir a clase.

1990. Andújar (Jaén), 17 de noviembre de 1990
Unos quinientos padres bloquean la entrada de un colegio público para impedir que siete niños gitanos accedan a clase. La actividad escolar queda paralizada.

1991. Colegio Sixto Sigler, Mancha Real (Jaén), 16 y 17 de septiembre de 1991

Un piquete de unas doscientas madres y padres boicotea el inicio del curso entre insultos. Los cuatro niños gitanos asignados al centro solo pueden entrar escoltados por la policía.

1991. Villaverde (Madrid), 3 y 4 de octubre de 1991

La resistencia vecinal al realojo de familias gitanas y a su escolarización provoca enfrentamientos con la policía y moviliza a unas tres mil personas.

2000. Colegio San Juan Bosco, Barakaldo (Bizkaia), del 10 al 16 de mayo de 2000

Los padres boicotean la escolarización de tres hermanos gitanos. Los menores acuden a clase bajo vigilancia policial durante varios días, cerrando simbólicamente este ciclo histórico.

CASOS REITERADOS SIN FECHA CONCRETA (DE FINALES DE LOS OCHENTA A PRINCIPIOS DE LOS NOVENTA)

Documentados en informes y estudios, aunque sin precisar centro o fecha exacta:

- Madrid (Carabanchel, Usera, Tetuán, Villaverde): boicots reiterados, concentraciones en puertas de colegios y rechazo organizado a la escolarización gitana.
- Badajoz (provincia): bloqueos de colegios durante la implantación de la educación obligatoria.
- Huelva (provincia): conflictos ligados a realojos y cierre de escuelas segregadas.
- Jaén (provincia): más allá de Andújar y Mancha Real, otros municipios registran episodios similares.

Esta historia no es una anomalía española ni un exceso puntual de intolerancia vecinal. Es profundamente semejante a la vivida en Estados Unidos (EE UU) tras el fin de la segregación legal, cuando la escolarización de la infancia afroamericana fue respondida con boicots, concentraciones de padres blancos, escoltas policiales para niños y niñas negras y una violencia social presentada como conflicto comunitario. Allí se habló de *busing*[23]; aquí, de realojos, aulas puente o integración progresiva. Allí se invocó la defensa de la calidad educativa; aquí, la del clima escolar. En ambos contextos se activó el mismo dispositivo: convertir el derecho a la educación en un espacio racializado y normalizar la idea de que ciertos niñas y niños (blancas y blancos/payas y payos) debían ser protegidos del contacto con otros (negras y negros o gitanas y gitanos). El resultado fue idéntico: segregación legitimada, violencia social canalizada a través de la escuela y una implícita pedagogía de la exclusión.

La diferencia no está en los hechos, sino en el relato posterior. En EE UU, esos episodios han sido incorporados —con tensiones y resistencias— a una memoria crítica sobre el racismo estructural y la violencia institucional. En España, en cambio, la exclusión escolar de la infancia gitana continúa tratándose como un problema cultural, familiar o individual, revictimizando a las víctimas y culpabilizando y responsabilizando de todo a las familias y a la cultura gitana —según es percibida por los prejuicios y estereotipos antigitanos—, y no como lo que fue y sigue siendo: una política social y educativa de segregación racial sostenida y tolerada por el Estado.

Se reconoce y acepta solo el racismo de los otros. Hablar de segregación, brutalidad policial o asesinatos, entre otros, implica activar un imaginario social que solo lo vincula con realidades ajenas, no con las domésticas. Eso son cosas que pasan en EE UU, se repite. Si bien el racismo es contextual se manifiesta de forma diferente y sobre diferentes cuerpos (marcados siempre por códigos raciales que deshumanizan), España no se queda atrás frente a otros países en lo que respecta a sus niveles de racismo.

---

23. Transporte escolar para la desegregación. En EE UU, consistía en la práctica de transportar a estudiantes en autobús fuera de sus barrios para integrar escuelas racialmente segregadas, cuyo objetivo era diversificar la composición racial de las mismas. Muy controvertido y finalmente abandonado como solución principal.

ASESINATOS Y MUERTES RACISTAS EN ESPAÑA, DE 1970 A 2025

El asesinato en Minneapolis (EE UU) de George Floyd, negro de 47 años, a manos de un policía blanco en mayo de 2020 abrió una fractura global. *Black Lives Matter,* 'las vidas negras importan', dejó de ser una consigna localizada para convertirse en un marco internacional, viral, de denuncia del racismo estructural y de la violencia policial. En España, esa ola generó adhesiones públicas, movilizaciones y discursos institucionales de solidaridad. Sin embargo, ese consenso simbólico convivió —y convive— con una paradoja persistente: la facilidad con la que se invisibilizan, minimizan o despolitizan las muertes de personas racializadas cuando ocurren dentro del propio territorio español.

La escuela segregada, el barrio estigmatizado y la muerte bajo custodia no son episodios desconectados. Forman parte de una misma cadena de producción, un continuo de desigualdad: primero se señala, luego se separa, después se controla y, finalmente, se normaliza la violencia. La diferencia entre EE UU y España no es la existencia del racismo, sino el grado en que se permite —o se impide— que esa violencia entre en la memoria colectiva como un problema político y estructural.

Tanto antes como después del asesinato de George Floyd —y mientras millones de personas marchaban bajo el lema *Black Lives Matter*— en España murieron, bajo custodia o tras contactos con fuerzas de seguridad, personas como Ilias Tahiri (centro de menores de Almería, 1 de julio de 2019) y Daniel Jiménez (comisaría de Algeciras, 1 de junio de 2020). Sus casos y los de muchas otras víctimas (migrantes, moras, gitanos, negras) no alcanzaron el mismo lugar en la agenda pública que las imágenes de Minneapolis. A veces hubo repulsa y protestas locales; la mayoría de las veces, silencio, archivo o clasificación administrativa rápida que amortiguó la indignación.

Ese patrón no es exclusivo de España: cuando Stanislav Tomáš, gitano de 46 años, murió tras ser inmovilizado por la policía en la República Checa (19 de junio de 2021), varios medios y activistas lo etiquetaron como el George Floyd checo y se alzó un #RomaLivesMatter ('las vidas gitanas importan') en Europa. La comparación puso en evidencia dos cosas: la existencia de experiencias compartidas de violencia estatal entre afrodescendientes, romaníes y otras comunidades racializadas, y la notable ausencia —en la mayoría de las narrativas antirracistas— del racismo antigitano como problema central en Europa (D'Agostino, 2026).

La lección es brutal: la atención internacional puede prender la memoria, pero no obliga a mirar dentro de casa. En Europa, y muy especialmente en España, el antigitanismo no es marginal ni exclusivo de la extrema derecha; atraviesa el espectro político y se naturaliza en políticas públicas, discursos y prácticas administrativas. Eso explica por qué cuando muere aquí un gitano o un joven migrante, la respuesta institucional tiende a despolitizarlo: caso aislado, causa natural, problema individual o suicidio. Se borra la coartada racial que posibilita la violencia.

Hay además una diferencia de relato. En EE UU la violencia racista contra personas negras terminó, tras las protestas de 2020, ocupando un lugar en el debate público (aunque las transformaciones efectivas sigan siendo insuficientes). En Europa, la violencia contra gitanos, moros y las comunidades racializadas y migrantes se ha convertido en una normalidad administrada: no siempre se nombra, apenas se investiga y raramente se integra en las políticas antirracistas nacionales. Activismos como #RomaLivesMatter han empezado a romper esa normalización (D'Agostino, 2026), pero el camino es largo.

Cuando hablamos de muertes bajo custodia no estamos hablando de incidentes aislados ni de errores humanos: hablamos de prácticas estructurales que se insertan en una cadena de deshumanización. En EE UU, la imagen de George Floyd —un hombre afroamericano inmovilizado hasta morir bajo la rodilla de un policía— se convirtió en un símbolo global de lo que significa que el Estado mate con impunidad. Floyd no fue una excepción estadística; fue un punto de inflexión mediático que permitió nombrar mecanismos: perfilado racial, uso desmedido de la fuerza y falta de rendición de cuentas.

Esa misma lógica opera aquí, en España. Las muertes bajo custodia —Ilias Tahiri, Daniel Jiménez, Miguel Ángel Fernández, Manuel Fernández Jiménez, Haitam Mejri, Yoni Barrul y tantas otras— no son coincidencias. Ocurren en un marco donde ciertos cuerpos (moro, gitano, negro, migrante) son vistos con sospecha de manera sistemática. La policía actúa dentro de protocolos que no consideran igual la vida de todas las personas. El resultado es el mismo: detención, violencia, clasificación apresurada de la causa y, en demasiadas ocasiones, archivo del caso sin mayores consecuencias para los perpetradores.

IMPUNIDAD Y MEMORIA

La diferencia entre EE UU y España no está en la violencia. Está en la visibilidad y en la memoria pública. En 2020, la muerte de Floyd provocó un movimiento global (*Black Lives Matter*) que obligó a instituciones, medios y gobiernos a posicionarse. En España, aunque hubo adhesiones públicas, las muertes de personas moras, gitanas, negras o migrantes rara vez alcanzan el mismo lugar en la agenda: se silencian, se burocratizan (causa natural, suicidio) o se convierten en simples notas de archivo. Cuando se visibilizan, se impone la versión policial, la reacción se limita a declaraciones o procesos internos que rara vez terminan en condenas o reformas estructurales.

Esta asimetría responde a cómo se construye la empatía colectiva. Las víctimas afroamericanas se convirtieron en iconos porque hubo fotos, vídeos y narrativas que penetraron la cultura mediática global. Aquí, el antigitanismo y la islamofobia institucional están normalizados en discursos y prácticas administrativas, lo que impide que la indignación social se traduzca en cambios sostenidos.

Hay que leer estas muertes como parte del mismo engranaje: señalización social (son peligrosos), control policial preventivo, uso de la fuerza, versiones oficiales inconsistentes, clasificación administrativa que amortigua la responsabilidad y archivos o sobreseimientos que reproducen la impunidad. La secuencia es siempre parecida, y su repetición no es casual. La impunidad está institucionalizada: no solo protege al agente individual y, en consecuencia, a la institución en su conjunto, sino que se refuerza la idea de que ciertos cuerpos valen menos y de que el Estado puede ejercer la violencia hasta la muerte sin consecuencias.

Al igual que en EE UU, donde la violencia contra las personas negras se ha sistematizado y visibilizado a través de movimientos como *Black Lives Matter,* España también ha registrado un historial de asesinatos y muertes racistas, muchas veces silenciadas o minimizadas por la imposición de la versión policial, el sistema judicial y los medios de comunicación. La siguiente lista recoge algunos de estos casos, mostrando cómo la racialización y la precariedad de ciertos cuerpos han sido factores determinantes en estas muertes, así como la persistente impunidad que las acompaña.

ASESINATOS Y MUERTES RACISTAS EN ESPAÑA

Ofrecemos a continuación un listado no exhaustivo de las muertes producidas en España, ya sea a consecuencia de intervenciones de las diferentes Fuerzas y Cuerpos de Seguridad del Estado, autonómicas o locales, o bien bajo su custodia, tanto en prisiones, calabozos o CIE. También se incluyen muertes producidas a manos de agentes de seguridad privada, tanto en instalaciones de empresas privadas como en centros de privación de libertad de menores. Por último, se incluyen casos de personas asesinadas por el racismo social, cuya motivación racial fue invisibilizada, omitida o negada como tal.

DÉCADA DE 1990

Lucrecia Pérez Matos. 32 años, República Dominicana.
13 de noviembre de 1992. Aravaca (Madrid)

Fue asesinada a tiros en la antigua discoteca Four Roses por un grupo de ultraderecha, encabezado por un guardia civil fuera de servicio. No fue un crimen aislado, fue una ejecución racista, planificada y simbólica. El Estado español reconoció por primera vez un crimen de odio racial, pero lo hizo sin cuestionar la estructura que lo permitió. Hubo condenas, sí, pero los menores implicados cumplieron penas reducidas y el caso se cerró como excepción, no como síntoma.

Hassan Al Yahahaqui. 25 años, Marruecos.
14 de noviembre de 1992. Majadahonda (Madrid)

Fue asesinado, apenas un día después de Lucrecia, por un grupo de cabezas rapadas en un ataque de violencia racista. Su nombre no ocupa portadas ni manuales, pero aparece una y otra vez en memorias del movimiento antirracista. La ausencia de una sentencia pública clara no es un vacío documental, es parte del borrado sistemático de las víctimas racializadas a manos del racismo y de la extrema derecha.

Mourad al-Abidine. 19 años, Marruecos. Junio de 1997. Madrid

Fue asesinado de varios disparos por la espalda tras recibir insultos racistas por un ex guardia civil en la reserva. El caso nunca fue completamente esclarecido. Su muerte se inscribe en una década en la que la violencia racista convivía con la impunidad policial, especialmente cuando las víctimas eran jóvenes migrantes sin redes de apoyo y protección institucional.

Omar Amhandi. 40 años, Marruecos.
Julio de 2000. Sant Andreu de la Barca (Barcelona)

Murió tras ser golpeado hasta la muerte en un espacio público. No murió en un conflicto privado: murió en la calle, en un contexto donde el cuerpo racializado era percibido como desechable. El silencio posterior fue casi inmediato.

Hamid Saada Oualili. 7 años, Marruecos.
9 de septiembre de 2000. Barcelona

Murió por un disparo a bocajarro. El caso se suma a una secuencia de muertes violentas de hombres marroquíes a principios de los 2000, cuando la racialización se cruzaba con la criminalización del migrante pobre.

Persona sin identificar. 25 años, Túnez.
Octubre de 2001. Valencia

Murió tras una paliza acompañada de insultos racistas. Su anonimato forzado refleja una constante: cuando no hay nombre, parece que no hay crimen. Pero la violencia fue real y el mensaje también.

Hombre marroquí. 25-30 años, Marruecos.
Enero de 2002. Salou

Asesinado de un tiro en la cabeza. Un caso apenas rastreable en archivos judiciales, pero persistente en los registros de violencia racista recopilados por colectivos sociales.

Wilson Pacheco. 26 años, Ecuador.
27 de enero de 2002. Maremagnum de Barcelona

Después de impedir a la víctima acceder al local de ocio nocturno, dos porteros de la discoteca y un vigilante de seguridad golpearon en repetidas ocasiones a Pacheco tras perseguirlo durante más de trescientos metros y lo arrojaron malherido al agua, donde las heridas le impidieron nadar. Falleció de inmediato.

Mustapha Alkaoi. 26 años, Marruecos.
10 de febrero de 2002. Lanzarote

Perfilado por los porteros de una discoteca de Lanzarote, le negaron la entrada a él y a un amigo, iniciándose una discusión que terminó con Alkaoi recibiendo varias puñaladas.

Augusto Ndombele Domingos. 15 años, Angola.
20 de julio de 2002. Alcorcón (Madrid)

Asesinado por un conocido neonazi a puñaladas mientras trataba de poner paz y defender a su amigo en una agresión a las puertas de una discoteca del Polígono Urtinsa, en Alcorcón. El asesino era el portero del local.

Mohamed Zoubir. 60 años, Marruecos. 21 de marzo de 2003. Huelva

En la estación de autobuses de Huelva dormían Zoubir y otros dos marroquíes, a la espera del autocar que les llevaría en la mañana a los campos de Lepe para la campaña agrícola, cuando en mitad de la noche fueron atacados de forma cobarde por un grupo de jóvenes con pasamontañas y armados con bates de béisbol y navajas, dejando malherido a Zoubir, que moriría tres días después en el hospital.

Soufian Essaghir. 17 años, Marruecos.
4 de abril de 2003. Las Palmas de Gran Canaria

Murió tras ser apuñalado, con un cuchillo de 12 centímetros de hoja, después de intentar refugiarse en una vivienda y ser expulsado de esta por su dueño. En su muerte también participaron otros dos amigos del asesino, quienes le propinaron numerosas patadas, puñetazos y golpes de todo tipo. Su muerte se desvinculó del racismo.

Francisco Quezada Ramírez. 49 años, Perú.
Julio de 2003. Madrid

Murió después de cuatro días en coma tras ser golpeado en la cara con un casco de moto. El ataque fue brutal y directo. El cuerpo racializado volvió a ser tratado como prescindible.

Alí Bouharou. 21 años, Marruecos.
Julio de 2003. Fuenlabrada (Madrid)
Murió tras recibir un navajazo después de una persecución racista. No hubo relato institucional que hablara de cacería, pero eso fue exactamente lo que ocurrió.

Abdelmola Sadiki. 21 años, Marruecos.
Septiembre de 2004. Alcossebre (Castellón)
Murió tras una persecución que terminó en una brutal paliza que recibió junto a un amigo al salir de una discoteca. Fue golpeado fuertemente en la cabeza y falleció horas más tarde. Hasta más de dos años después no se detuvo a sus asesinos.

Azzouz Hosni. 41 años, Marruecos.
Febrero de 2005. El Ejido (Almería)
Trabajador agrícola y militante sindical. Su muerte abrió un debate incómodo sobre violencia policial y racismo contra personas sin papeles en uno de los epicentros de la explotación laboral migrante.

Hamir Boukhari. 30 años, Marruecos.
30 de marzo de 2005. Sagunto (Valencia)
Agredido brutalmente hasta la muerte por un grupo de jóvenes, muchos de ellos menores, mientras se encontraba tranquilamente paseando con su pareja. El proceso judicial vivió una serie de negligencias en lo relativo a la recopilación de las pruebas. Finalmente, la misma Fiscalía que reconocía el tinte racial del ataque solicitó el archivo.

Osamuyi Akpitaye. 23 años, Nigeria. 2007.
Durante su deportación en un vuelo comercial
Murió bajo custodia policial durante una deportación. Su caso expuso el uso de la fuerza en los traslados y el papel cómplice de las aerolíneas en expulsiones mortales.

Bernabá Laaredj. 40 años, Argelia.
28 de febrero de 2009. Lepe (Huelva)
Brutalmente agredido por varias personas que habían proferido contra él gritos racistas, según testigos. Un mes después, la policía detuvo a cinco personas implicadas, tres de ellas menores.

Persona sin identificar. 47 años, Nigeria.
31 de agosto de 2008. CIE de Zapadores (Valencia)
Murió dentro del CIE sin nombre público, sin relato oficial detallado. Una muerte más dentro de un sistema opaco.

Jonathan Sizalima. 20 años, Ecuador.
19 de febrero de 2009. CIE de Barcelona
Murió internado. El CIE volvió a funcionar como espacio de castigo sin garantías.

DÉCADA DE 2010

Carlos Gustavo Bueno. 34 años, Ecuador.
12 de septiembre de 2010. Cornellà de Llobregat (Barcelona)
Este joven recibió una brutal paliza por parte de tres individuos. Inmóvil en el suelo, fue rematado con una patada en la cabeza. Los testigos señalaron que, durante la agresión, los autores gritaban repetidamente "sudaca de mierda". Todo mientras su hija de ocho años presenciaba la escena. Sus asesinos recibieron condenas por homicidio imprudente. Nunca se reconoció el móvil del racismo.

A. B. 55 años, Marruecos.
16 de octubre de 2010. CIE de Zapadores (Valencia)
Cayó desplomado al ingresar en el CIE. La custodia comienza incluso antes del encierro formal.

Mohamed Abagui. 22 años, Marruecos.
2010. CIE de Barcelona
Murió en el CIE de la Zona Franca. Otro nombre que evidencia que no son espacios administrativos, sino lugares de muerte.

Samba Martine. 34 años, República Democrática del Congo. 19 de diciembre de 2011. CIE de Aluche (Madrid)

Murió tras múltiples negligencias médicas. Samba pidió ayuda durante semanas, pero no se la dieron. Su muerte marcó un antes y un después en la denuncia pública de los CIE.

Idrissa Diallo. 21 años, Guinea Conakry. 5 de enero de 2012. CIE de la Zona Franca (Barcelona)

Murió internado. Su nombre dio lugar a campañas, colectivos y una memoria política activa contra los CIE.

Samba Fofana. Gambia. 2012. Cárcel Modelo (Barcelona)

Murió en aislamiento. El aislamiento, una vez más, como antesala de la muerte.

Ibrahima Dieye. 31 años, Senegal. 3 de enero de 2012. Barcelona

Increpado por un padre y sus hijos mientras se encontraba en la vía pública, recibió varios insultos racistas como "negro de mierda, iros a vuestro país", antes de recibir un disparo que acabó con su vida. A pesar de los indicios, el jurado no consideró el móvil racista.

Yassir El Younoussi. 27 años, Marruecos. 2013. El Vendrell (Tarragona)

Tras una detención considerada por su entorno como arbitraria, pasó hasta 38 minutos inmovilizado, de los cuales había estado amordazado y con un casco hasta 11 de ellos. No salió con vida de la comisaría de El Vendrell. Su caso fue archivado.

Aramis Manukyan. 32 años, Armenia. 3 de diciembre de 2013. CIE de Barcelona

Murió bajo custodia. Otro cuerpo que no salió vivo de un centro de internamiento.

2014. El Tarajal (Ceuta). 6 de febrero de 2014. Playa de El Tarajal (Ceuta)

Samba Baya, Youssouf X, Ibrahim Keita, Yves Martin Bilong, Armand Ferdinand, Jeannot Flame, Oumar Ben Sanda, Blaise Fotchin, Daouda Dakole, Ousman Kenzo, Larios Fotio, Nana Roger

Chimi y tres personas más sin identificar —una de ellas menor de 15 años— murieron cuando intentaban llegar a Ceuta nadando. En lugar de socorrerles, la Guardia Civil disparó pelotas de goma y gases hacia ellos mientras nadaban e intentaban no ahogarse en el mar. No hubo condenas. Sí hubo archivo, dilación y desprecio institucional. El Tarajal no es una tragedia: es una política de frontera.

Fabián Darío Cueva Valarezo. 20 años, Ecuador.
16 de noviembre de 2014. Vallecas, Madrid

En contra de la muerte natural declarada inicialmente, el informe forense señaló una contusión occipital con sangrado como causa de su fallecimiento, a consecuencia de un golpe recibido por una brutal agresión. Su asesino fue un vecino que, según los amigos de Fabián, lo acosaba y le profería insultos racistas constantemente.

Mor Sylla. Senegal. Agosto de 2015. Salou (Tarragona)

Murió tras una persecución de los Mossos d'Esquadra. La versión oficial habló de un accidente; los colectivos sociales hablaron de acoso y brutalidad policial.

Younes Slimani. 39 años, Marruecos. Abril de 2016. Autovía del Este (A-3)

Murió acribillado a balazos por un agente de la Guardia Civil que se encontraba de baja. Su asesino argumentó que creía que Slimani era un terrorista del que debía librar a España. Su defensa argumentó un trastorno psicótico breve que le sirvió para reducir la condena. Su caso no fue reconocido como un caso de racismo.

Miguel Ángel Fernández. 33 años, gitano. 6 de abril de 2016. Zaragoza

Murió en los calabozos de la Policía Nacional. El caso fue archivado provisionalmente y la familia sigue sin respuestas.

Elhadji Ndiaye. Senegal. Octubre de 2016. Pamplona

Murió en comisaría, supuestamente, tras una parada cardíaca después de un control policial por perfil racial en la vía pública. El control policial fue el detonante de muerte y esta, nuevamente argumentada como natural.

Mamadou Barry. 17 años, Guinea Conakry.
22 de diciembre de 2017. Melilla
Murió por una parada cardiorrespiratoria. Las circunstancias nunca se aclararon del todo. Era menor. Era negro. Era prescindible para el sistema.

Mohamed Bouderbala. 36 años, Argelia.
29 de diciembre de 2017. CIE de Archidona (Málaga)
Murió bajo custodia en una cárcel reconvertida en el CIE de Archidona. Su muerte se convirtió en un símbolo del internamiento como castigo.

Mame Mbaye. 34 años, Senegal.
15 de marzo de 2018. Lavapiés (Madrid)
Murió tras una larga persecución policial iniciada por la perfilación racial. El fallo cardíaco fue la explicación médica; la represión racista policial, el contexto omitido.

Soufian. 17 años, Marruecos.
4 de enero de 2018. Centro de Menores (Melilla)
Menor, tutelado, sin garantías. Fue hallado muerto en su cama. Silencio administrativo.

Manuel Fernández Jiménez. 28 años, gitano.
22 de octubre de 2018. Cárcel de Albocàsser
Murió en una celda de aislamiento. Su caso llegó a juicio en 2024. El antigitanismo institucional también mata bajo custodia.

Adeel Alhoseen. 18 años, Siria.
20 de enero de 2019. Comisaría Mossos d'Esquadra (Barcelona)
Murió bajo custodia policial. Su edad no le protegió.

Marouane Aboubai**da. Marruecos.**
Julio de 2019. CIE de Zapadores (Valencia)
Se suicidó tras denunciar agresiones y ser aislado. La institución ignoró las advertencias de las organizaciones que estaban en contacto con él.

Ilias Tahiri. 18 años, Marruecos.
1 de julio de 2019. Centro de Menores de Tierras de Oria (Almería)
Murió inmovilizado por varios agentes de seguridad privada del centro, boca abajo y bajo la práctica de una sujeción mecánica letal. La versión oficial habló de un accidente.

Eleazar García Hernández. 30 años, gitano, con discapacidad del 75%. 8 de septiembre de 2019. Gijón.
Detenido y golpeado por vigilantes y la Policía Local. Murió de un ataque cardíaco; caso archivado.

DÉCADA DE 2020

Daniel Jiménez Jiménez. 39 años, gitano.
1 de junio de 2020. Comisaría de Algeciras
Murió bajo custodia. El Tribunal Constitucional ordenó reabrir el caso tras años de archivo.

Pedro Antonio Calahorra Hernández. 21 años, gitano.
Causa judicial activada en 2020. Cárcel de Zuera
Declarado como un suicidio en aislamiento. La familia denuncia incoherencias graves y exige la verdad.

Younes Bilal. 36 años, Marruecos.
12 de junio de 2021. Mazarrón (Murcia)
Tras una discusión, el exmilitar Carlos Patricio Bermúdez Menárguez disparó su arma contra Bilal al grito de "los moros no tenéis por qué estar aquí". Si bien fue condenado por el asesinato, no se consideró el racismo como agravante ni motivación. Lo que no se nombra, no existe.

Brian Steven Ríos. 28 años, Colombia.
20 de agosto de 2022. Comisaría de Rubí (Barcelona)
Murió en los calabozos de la comisaría de los Mossos tras permanecer desatendido, sedado, esposado y boca abajo durante al menos media hora.

Masacre de Melilla. 24 de junio de 2022. Melilla

Alrededor de dos mil personas, en su mayoría de origen sudanés, intentaron cruzar la frontera entre España y Marruecos por el puesto fronterizo de Barrio Chino (Melilla-Nador). La intervención coordinada de las fuerzas policiales a ambos lados de la frontera provocó la muerte de al menos 40 personas, la desaparición de al menos 77, y la devolución sumaria y forzosa de, al menos, 470.

En territorio español, cientos de personas permanecieron heridas y en el suelo en el puesto fronterizo, sin atención sanitaria. Según el testimonio de diferentes organizaciones internacionales, como Amnistía Internacional, en la masacre podrían haber muerto muchas más personas cuyo fallecimiento no fue documentado, alcanzando la cifra del centenar, puesto que algunos de los migrantes fueron introducidos en autobuses marroquíes sin recibir asistencia médica y sin importar la envergadura de sus heridas. A pesar de la gravedad de los hechos, no hubo ningún tipo de consecuencias políticas o penales para los perpetradores ni para los responsables.

Henry Carbonell Casimiro. 34 años, Cuba.
25 de diciembre de 2023. A Coruña

Murió por el disparo de un policía nacional el día de Navidad. Su madre siempre ha insistido en que la Policía tenía conocimiento previo de los problemas de salud mental de su hijo, al que atribuye un diagnóstico de esquizofrenia y trastorno psicótico, además de episodios de manía persecutoria. Tras el anuncio del archivo de la causa judicial, al considerar que el policía disparó en "legítima defensa y cumplimiento del deber", la familia señaló la infravaloración de la situación de vulnerabilidad de Henry y que no se exploraron alternativas en la actuación policial.

Mahmoud Bakhoum. 43 años, Senegal.
29 de diciembre de 2024. Sevilla

Murió ahogado en el río Guadalquivir, donde se lanzó en su desesperación huyendo de una redada de la Policía Local de Sevilla.

La situación administrativa irregular fue la imposición; la persecución, la motivación, y su muerte, la consecuencia. La justicia archivó la causa y llegó a culpar a Bakhoum de su propia muerte.

Abdoulie Bah. 19 años, Gambia. 17 de mayo de 2025. Gran Canaria

Fue disparado por la policía al menos hasta en cinco ocasiones, lo que provocó su muerte en las inmediaciones del aeropuerto de Gran Canaria. Se le acusó de intentar atacar a los agentes. Sus conocidos señalaron diversos episodios de inestabilidad mental en los últimos meses. Tras su muerte, organizaciones africanas y afrodescendientes señalaron la imposibilidad de atravesar crisis de salud mental siendo negro sin que te maten.

Abderrahim El Akkouh. 35 años, Marruecos.
17 de junio de 2025. Torrejón (Madrid)

Abderrahim murió tras ser reducido, inmovilizado y asfixiado por dos agentes de policía, uno de ellos jubilado y el otro fuera de servicio. Si bien ambos señalaron el robo como motivación, se trata de una versión contradicha por los testigos de los hechos. También tenía problemas de salud mental.

Muhamad Munir. 20 años, Pakistán.
29 de junio de 2025. La Magdalena (Jaén)

En un contexto de varios apuñalamientos producidos contra comerciantes pakistaníes en la región, el suyo fue mortal.

Ji Lin. 46 años, China. 16 de agosto de 2025. Valencia

Ji Lin, un hombre de 46 años de origen chino, falleció después de que la Policía Nacional le disparara en respuesta a un intento de agresión con arma blanca en un inmueble del barrio de Russafa. Los testimonios vecinales hablan de numerosos disparos efectuados por la Policía Nacional que le causaron la muerte. Según la versión oficial, fue en defensa propia. Se trata de un hombre que tenía problemas de movilidad y se ayudaba de una muleta, percibido como una amenaza sin explorar otras medidas de mediación o contención.

Mahamedi. 22 años, catalán de padres gambianos.
24 de julio de 2025. Comisaría de Montornès del Vallès (Barcelona)
Murió en la comisaría de los Mossos a consecuencia de los disparos de uno de los agentes en prácticas, supuestamente, en defensa propia. A día de hoy, se siguen esperando las imágenes de la comisaría que evidencien que los hechos sucedieron de esa forma.

Harold Medina. 30 años, Colombia. 25 de agosto de 2025. Comisaría de los Mossos d'Esquadra en Sant Boi de Llobregat (Barcelona)
Su cuerpo fue hallado sin vida en los calabozos de la comisaría bajo custodia de los Mossos. Las circunstancias de su muerte siguen siendo opacas.

Haitam Mejri. 35 años, Marruecos.
7 de diciembre de 2025. Torremolinos (Málaga)
Fallecido a causa de la actuación policial. Fue reducido por varios agentes y disparado con pistolas táser, según la versión oficial, por mostrar una actitud agresiva. No obstante, ni los vídeos difundidos en redes sociales ni las versiones de los testigos y familiares concuerdan con esta postura, puesto que en las imágenes se observa a Mejri en actitud tranquila antes de la intervención policial en el local donde se encontraba.

Yoni Barrul. 35 años, gitano. 16 de diciembre de 2025. A Coruña
Víctima directa de una actuación policial en su propio domicilio, de nuevo, justificada por la supuesta actitud violenta de Barrul. Según la familia, la brutalidad de la intervención provocó su muerte, considerada inmediatamente por las autoridades y los medios de comunicación como natural.

No son hechos aislados, es un patrón de violencia racial institucionalizada. Las víctimas suelen ser hombres jóvenes racializados como moros, negros o gitanos, y muchas veces los agresores son personas blancas o con poder. La justicia falla una y otra vez: no reconoce la motivación racial, impone penas mínimas o deja libres a los responsables, generando un sentimiento de impunidad que atraviesa familias y comunidades. En el mejor de los casos hay condena, pero se diluye u omite la motivación y el carácter racial.

Un ejemplo claro es el de Manuel Fernández, un hombre gitano asesinado a tiros en Huelva por un hombre payo de 74 años de edad, en mayo de 2020, mientras cogía unas pocas habas de un campo privado. Su hijo presenció el asesinato y, aunque el responsable fue detenido, pronto quedó en libertad, dejando una sensación de impunidad. Años después, marcado por lo que vivió y por la falta de reparación, tomó represalias contra el asesino de su padre y lo mató de una paliza. Este acto, aunque juzgado por la ley, se entiende como una reacción directa a la injusticia.

No pasa solo en EE UU. En España las personas negras, moras y gitanas mueren bajo custodia policial, muchas veces sin que se reconozca el racismo detrás de sus muertes. El patrón es uno: cuerpos racializados prescindibles, impunidad y omisión institucional.

Los datos oficiales sobre muertes bajo custodia policial o en CIE son parciales y opacos. Desde 2000, el Ministerio del Interior reconoce al menos ocho muertes en CIE, aunque no detalla nombres ni circunstancias completas. Entre enero de 2020 y mayo de 2025, al menos 148 personas murieron bajo custodia o durante actuaciones policiales: 43 fueron clasificadas como "accidentales", 12 como "suicidios" y 93 como "naturales". La mayoría de los casos continúan sin nombres ni detalles públicos, invisibilizando a las víctimas y borrando sus historias.

A raíz de la muerte de Brian Ríos bajo custodia de los Mossos supimos que, de las ocho personas muertas bajo custodia policial que se registraron entre 2020 y 2022 en Cataluña, seis eran migrantes; es decir, un 75%, teniendo en cuenta que solo un 16% de la población catalana es extranjera[24]. La desproporcionalidad es evidente.

En Minnesota, tras el asesinato de George Floyd, surgió con fuerza un movimiento antirracista que puso sobre la mesa no

---

24. Berta Camprubí Pàmies, "Tres Mossos de Esquadra son investigados por la muerte bajo custodia policial del joven colombiano Brian Rios", *El Salto*, 07/04/2025.

solo reformas, sino el desarme e incluso la abolición de la policía y la reconstrucción de la seguridad desde abajo. Organizaciones como Black Visions Collective y Reclaim the Block —y proyectos de memoria y denuncia como MPD150— articularon la demanda de terminar con el modelo policial vigente y de trasladar recursos a comunidades, servicios sociales y alternativas de seguridad comunitaria.

Ese empuje llegó hasta la política local: en los días de mayor movilización (junio de 2020), varios concejales de Minneapolis hicieron pública la promesa de desmantelar el Departamento de Policía de Minneapolis (MPD) y reconstruir otra forma de garantizar la convivencia, una promesa que dio visibilidad internacional a las demandas abolicionistas y obligó a debatir públicamente alternativas a la policía.

Es importante subrayarlo en el libro porque aquí, en España, esa conversación rara vez toma la misma forma. Cuando en EE UU la palabra *abolición* se volvió central, en España la indignación se quedó muchas veces en el gesto simbólico y no convirtió la rabia en exigencia política sostenida sobre la necesidad de desmilitarizar la seguridad, redirigir recursos y crear mecanismos reales de protección comunitaria. Esa diferencia de relato —y de consecuencias políticas— ayuda a entender por qué las muertes bajo custodia o la violencia racista local no ocupan el lugar merecido en la agenda pública.

REFLEXIÓN DESDE LA IZQUIERDA, EL ANTIFASCISMO Y NUESTRA RACIALIZACIÓN

Este libro nace con la intención de quebrar el relato que omite la historia racial de España y plantear una nueva narrativa para honrar la memoria de las personas asesinadas, nombrando como verdadera causa estructural algo que condiciona nuestro presente: el racismo. Lo hacemos también porque no existe un relato oficial (en los libros de texto o en la memoria —hasta donde sabemos, no hay ni calles, ni parques ni otros monumentos memoriales dedicados a las víctimas del racismo— que lo designe y describa a través de los nombres de quienes lo padecieron en sus consecuencias más fatales. Y lo hacemos impulsados por un fuerte sentimiento de justicia y reparación, y con el afán de encontrar actuaciones legales y políticas que impidan o, al menos, dificulten que el racismo siga matando e hiriendo nuestras vidas, que los racistas sigan saliendo impunes y que nosotras sigamos sin justicia.

Tras el proceso de investigación y redacción de la lista de los ataques, los pogromos, las muertes y los asesinatos racistas que han sucedido en estos últimos casi cincuenta años, y que hemos descrito para restituir su memoria, nuestro sentimiento —también cuantificable y cualificable—, nuestra reflexión y nuestra opinión como investigadores, periodistas, sociólogos y activistas es que nunca se había escrito en papel una lista tan exhaustiva aunque, creemos, todavía incompleta de estos crímenes aberrantes.

Ha sido un esfuerzo profundo, ya que no hay ningún listado oficial ni de pogromos ni de ataques racistas, ni mucho menos de las personas fallecidas por motivos raciales. La mayor parte de la información la hemos obtenido de nuestros archivos personales y del archivo de la asociación Pretendemos Gitanizar el Mundo.

Ha sido duro el reconocernos en cada uno de los hechos narrados y reconocer en sus nombres a nuestros semejantes, a nuestros hermanos, a nuestros hijos y a nuestros amigos.

Debemos resaltar el dolor que hemos sentido escribiendo este libro porque, no lo olviden, se trata de nuestras familias, de nuestras comunidades y de nosotras mismas.

También hemos sentido ira. En esta actualidad neoliberal, la ira tiene muy mala prensa. Los poderosos y sus intereses no nos quieren airadas, no vaya a ser que recordemos que tenemos el poder de la revolución y podemos volver a poner guillotinas en las plazas para cortar las cabezas de los poderosos.

En este proceso nos ha acompañado el sentimiento constante de injusticia: este libro no ha sido redactado desde la distancia, pero sí desde el rigor y la más absoluta profesionalidad que nos dan los años de experiencia y de formación, y la urgencia política para que estas muertes dejen de ser anónimas, estadísticas o notas marginales a pie de página.

Interpelamos a la izquierda porque somos profundamente antifascistas. Porque creemos que el fascismo no es solo una estética ni una fuerza política extrema, sino una forma de ordenar el mundo basada en la jerarquía de vidas, en la exclusión, en la violencia y en la naturalización del castigo sobre determinados cuerpos, y porque sabemos que, históricamente, solo el antifascismo antirracista organizado ha sido capaz de frenar —aunque nunca del todo— esa lógica de muerte.

Esta reflexión nace desde dentro. No interpela a la izquierda desde fuera ni desde posiciones reaccionarias. Habla desde una convicción profunda: somos antifascistas, creemos en la emancipación de los pueblos y clases oprimidas y no esperamos ningún cambio real de la derecha. Precisamente por eso apelamos a la izquierda. Porque es nuestro espacio político y nuestro único horizonte de esperanza, porque convivimos con ella, porque es nuestra gente, con la que compartimos barrios empobrecidos, trabajos precarios y desahucios de nuestras viviendas; porque quienes nos someten a esta vida son los mismos amos, los mismos perpetradores, los mismos payos/blancos, poderosos y adinerados, y, finalmente, porque si la izquierda no es capaz de entender el racismo, el antifascismo queda incompleto.

A pesar de todo, se trata de un espacio político que, en toda su amplitud, a día de hoy sigue sin entender el racismo. No hablamos únicamente de la izquierda institucional. Hablamos también del sindicalismo combativo, de los movimientos obreros clásicos y de amplios sectores militantes antifascistas que se piensan a sí mismos como anticapitalistas. En todos ellos se repite una misma idea: que la clase lo explica todo, que, sea como sea, somos la misma clase obrera. Una afirmación, aunque de vocación igualitaria, que no es cierta. La raza y la racialización subsecuente implican un escalón menor en el cual se sitúan, nos situamos, los cuerpos y vidas racializadas. No lo es tampoco porque una parte importante de la clase trabajadora no está protegida, ni representada ni defendida por esas mismas estructuras que dicen hablar en su nombre.

Los sindicatos combativos mantienen estructuras obsoletas que responden a un modelo de trabajo que ya no es mayoritario: empleo estable, regularizado, con contrato, con papeles y con derechos formales. Ese modelo deja fuera a miles de personas trabajadoras: migrantes en situación irregular, personas que sobreviven en los mercadillos, en la venta ambulante, en el campo sin contrato, en los cuidados, en la economía informal. Personas que trabajan, producen riqueza y sostienen sectores enteros de la economía, pero que no pueden sindicalizarse en igualdad de condiciones ni defenderse sin exponerse a represalias, multas, expulsiones o persecución policial.

Personas que, cuando intentan organizarse, se ven obligadas a crear sus propias estructuras, pero estas no nacen como sindicatos reconocidos, sino como asociaciones o cooperativas que terminan funcionando como pequeñas empresas, sin capacidad real para negociar convenios colectivos ni regular un sector entero. El resultado es perverso: el Estado acaba negociando con interlocutores débiles, no mayoritarios y sin peso sindical, mientras el problema estructural de fondo —la precarización racializada del trabajo— permanece intacto. Son ejemplos de esto las uniones de vendedores ambulantes, la gente del sindicato de manteros y las jornaleras de Huelva, por nombrar algunas de las necesarias organizaciones que han surgido precisamente por la negación de los sindicatos a defender sus derechos y que, pese al enorme esfuerzo que realizan, no obtienen ni el apoyo de los sindicatos formales ni alcanzan sus objetivos por falta de medios y recursos.

En el ámbito político ocurre algo muy similar. Ningún gran partido defiende de manera clara y sostenida los derechos del Pueblo Gitano, de las personas moras o musulmanas ni de las comunidades migrantes racializadas. Cuando surgen organizaciones políticas propias o espacios autónomos, se los relega a lo minoritario, a lo identitario, a lo anecdótico, al oenegismo. Se les pide que se integren, que no dividan, que no cuestionen el marco general, pero ese marco general es precisamente el que los excluye.

No queremos reducir la historia de la izquierda a una acusación sin matices. Es cierto —y lo reconocemos— que muchos sectores de la izquierda han intervenido contra el racismo: desde la solidaridad antifascista que respondió a asesinatos y agresiones neonazis en los años noventa y principios del siglo XXI, hasta campañas de sindicatos y asociaciones por la regularización de personas sin papeles o por derechos básicos. Pero esas intervenciones han sido parciales, fragmentarias y siempre insuficientes para transformar prioridades y prácticas: han denunciado episodios puntuales (grupos neonazis, pintadas, agresiones) sin conseguir alterar las estructuras internas, los calendarios políticos ni las agendas sindicales que siguen reproduciendo blanquitud, centralidad y desinterés por las luchas específicas del Pueblo Gitano y de las comunidades migrantes racializadas.

Por eso nuestra crítica no pretende borrar el trabajo hecho: busca exigir coherencia, alcance y mayor compromiso. No pedimos que la izquierda renuncie a su historia. Pedimos que esa historia se amplíe, se diversifique y se haga responsable: que los espacios combativos integren deliberadamente a las voces racializadas en primera línea, que cambien sus prioridades organizativas, que abran espacios de decisión a quienes sufren la racialización y que dejen de entender la lucha de clases como una categoría abstracta que lo arregla todo por sí misma. La clase es una más de las opresiones y, aunque cambiemos las condiciones materiales que determinan la clase a la que pertenecemos, seguiremos siendo atravesadas por los demás ejes de opresión: el género, la edad, el lugar de nacimiento, la diversidad funcional y la raza.

Por eso insistimos en que no toda la clase obrera vive la explotación de la misma manera. El amo explota a todos, sí, pero no todos sufren además los estragos del racismo. No todos son sospechosos por defecto. No todos son perfilados, es decir, leídos racialmente y, en consecuencia, identificados y parados por la policía. No todos tienen que justificar constantemente su presencia, su trabajo o su derecho a existir en el espacio público.

Es importante señalar que todos los listados que componen este libro —de pogromos, ataques, asesinatos y muertes racistas— no son ni pueden ser exhaustivos. Faltan muchas personas cuyos nombres no aparecen porque su muerte quedó diluida en expedientes administrativos, en centros de internamiento, en comisarías, en fronteras o en el silenciamiento sistemático que producen las leyes de extranjería. Faltan quienes murieron intentando regularizar su vida, quienes fallecieron bajo custodia policial, quienes fueron empujados a la muerte por la persecución constante, la exclusión social y la violencia institucional. El racismo no siempre mata de forma directa, pero mata también por desgaste, por abandono y por negación de derechos básicos. Esa violencia estructural rara vez deja titulares, pero atraviesa generaciones enteras.

Del mismo modo, faltan muchos pogromos y ataques racistas vinculados a los procesos de realojo forzoso de familias gitanas que vivían en chabolas o asentamientos, especialmente durante el siglo XX y hasta bien entrada la democracia. Estos episodios no pueden entenderse al margen de una larga historia de legislación antigitana —más de 250 leyes y pragmáticas— que persiguieron sistemáticamente todo lo que se consideraba ser gitano o gitana:

la lengua, los oficios, las formas de vestir, de habitar el espacio, de relacionarse. En muchos de estos realojos se produjeron agresiones, expulsiones, incendios, amenazas y violencia colectiva que hoy no figuran en ningún registro oficial como pogromos, pero que cumplieron exactamente esa función: castigar y expulsar a una población por el mero hecho de existir.

También es necesario afirmar con claridad que los pogromos, los ataques racistas, la exclusión escolar, las muertes bajo custodia policial y la violencia institucional no se han producido únicamente bajo gobiernos de derechas. Han tenido lugar en pueblos y ciudades gobernadas indistintamente por la derecha y por la izquierda, con alcaldes y alcaldesas de todos los colores políticos y géneros. El racismo estructural no desaparece con un cambio de siglas si no se cuestionan las bases profundas del Estado, de sus instituciones y de su modelo de ciudadanía. El color político del Gobierno nunca ha sido garantía de protección para nuestras comunidades.

La lógica racista atraviesa también los debates sobre la españolidad y no se limita al marco del nacionalismo español. La extranjerización permanente de las personas racializadas se reproduce de forma casi idéntica en los nacionalismos periféricos. En Cataluña y el País Vasco ocurre lo mismo: nunca somos lo suficientemente catalanes ni lo suficientemente vascos. La pertenencia nacional sigue pensándose desde una blanquitud implícita que deja fuera a gitanos, personas negras, moras, musulmanas y migrantes, incluso cuando hemos nacido, crecido y vivido toda la vida en esos territorios.

El problema no es solo España como Estado, sino la forma racializada en la que se construyen las identidades nacionales, estatales o regionales y los obstáculos y limitaciones legales impuestos en base al lugar de nacimiento para ser reconocida o reconocido como parte de la ciudadanía.

Uno de los discursos más reveladores de este racismo normalizado es aquel que afirma que las personas migrantes vienen a trabajar o a cuidar de nuestros mayores. Esta idea circula tanto en la derecha como en la izquierda y ha encontrado eco incluso en sectores amplios de la sociedad.

Cuando la presidenta de la Comunidad de Madrid, Isabel Díaz Ayuso, defendió públicamente la llegada de inmigrantes vinculándola a la necesidad de mano de obra para cubrir puestos de trabajo —argumento que esa misma derecha ha repetido con insistencia y que su propio partido acompañó con afirmaciones sobre la importancia de ocupaciones que no se cubren sin inmigración— se generó un intenso revuelo en la izquierda. Críticos de diferentes espacios señalaron que esa narrativa instrumentaliza a las personas migrantes, reduciéndolas a cuerpos útiles para sostener la economía, en vez de reconocerlas como sujetos plenos con derechos y dignidad propia. Eso llevó a amplias discusiones sobre cómo incluso la izquierda se veía reflejada en un discurso que no cuestiona las jerarquías raciales y a replantear la defensa de políticas migratorias que convierten el trabajo en la única medida de justicia y de pertenencia social.

Este tipo de discurso no cuestiona la explotación, la organiza. No plantea por qué esos trabajos están tan mal pagados ni por qué recaen siempre sobre mujeres migrantes racializadas. Simplemente asume que ese es su lugar. Y cuando se normaliza esa idea desde espacios progresistas y de izquierdas, el racismo deja de ser una anomalía, se asume tal cual y se convierte en una técnica política de gestión.

Interpelamos a la izquierda porque creemos en el antifascismo y porque sabemos que el fascismo no empieza solo con partidos de extrema derecha. Empieza cuando se acepta que hay unas vidas más sacrificables que otras; cuando se normaliza la vigilancia, la securitización y el gasto desorbitado en dispositivos policiales y antiterroristas que no sirven para proteger a nadie, pero sí para racializar barrios enteros y justificar controles, redadas y violencia institucional.

Empieza cuando se construye un enemigo interno: el moro, el gitano, el que se ve forzado a migrar desde el sur global. Y cuando ese enemigo no es defendido por quienes dicen luchar por la clase trabajadora, el terreno queda abonado para el autoritarismo. Lo estamos viviendo en la actualidad con el auge de postulados reaccionarios.

A pesar de la historia de intervenciones antirracistas y antifascistas, debemos reconocer que la izquierda combativa en España —además de minoritaria en número y, por tanto, en capacidad de acción— sigue siendo mayoritariamente blanca y, demasiadas veces, ajena a las experiencias de las comunidades racializadas. Esta falta de diversidad no es neutra: condiciona las prioridades, la mirada política y la capacidad de intervenir en violencias específicas, como las dirigidas contra el Pueblo Gitano o contra migrantes racializados. No se trata de que la izquierda no actúe frente a la violencia racista, sino de estrategias que no siempre incorporan ni visibilizan a quienes están en el centro de la opresión. Mirar para otro lado, minimizar ciertos ataques o no cuestionar estructuras internas reproduce dinámicas de exclusión que necesitamos confrontar.

La renovación sindical y política pasa por reconocer nuestros límites, aprender de los recorridos de colectivos racializados y construir espacios inclusivos donde la diversidad no sea solo simbólica, sino que transforme las prácticas y prioridades del movimiento. Solo así la izquierda combativa podrá ser coherente con su compromiso antirracista y antifascista.

Por eso esta reflexión no es una ruptura, sino que pretende ser un principio de entendimiento. No se trata de abandonar la izquierda, sino de ofrecerle la posibilidad de mirarse; de deconstruirse, que se dice modernamente. No hay antifascismo sin antirracismo. No hay lucha de clases real si una parte de la clase trabajadora sigue siendo tratada como prescindible, sospechosa o utilizable solo en los márgenes.

Seguimos apelando a la izquierda porque es nuestra gente. Porque convivimos con ella. Porque somos obreros y obreras. Porque compartimos colegios, barrios y plazas. Pero también porque sabemos que, si no se enfrenta de una vez el racismo estructural que atraviesa el trabajo, la política y los movimientos sociales, el fascismo no necesita imponerse por la fuerza: le está bastando con ocupar el vacío.

BIBLIOGRAFÍA

Agamben, Giorgio (2006): *Homo sacer. El poder soberano y la nuda vida*, Valencia, Pre-Textos.

Agostino, Serena de (2026): "#RomaLivesMatter, too. Romani Anti-Racist Activism in Europe: from (De)politicization towards a Critical Turn", en Ilke Adam, Jean Beaman y Mariska Jung (eds.), *A New Wave of Antiracism in Europe? Racialized Minorities at the Centre,* Nueva York, Springer.

Agüero Fernández, Silvia y Jiménez González, Nicolás (2024): *¿Anarquismo gitano?*, Madrid, Los Libros de la Catarata.

— (2026) *El deber de resistir. Memoria y luchas del Pueblo Gitano,* Pamplona, Txalaparta.

Amazian, Salma y Douhaibi, Ainhoa N. (2019): *La radicalización del racismo. Islamofobia de Estado y prevención antiterrorista,* Oviedo, Cambalache

Carmichael, Stokely y Hamilton, Charles V. (1967): Poder Negro: La Política de Liberación en Estados Unidos, Ciudad de México, Siglo XXI.

Coates, Ta-Nehisi (2015): Between the World and Me, Nueva York, Spiegel & Grau.

Comisión Europea contra el Racismo y la Intolerancia (ECRI) (2026): *Recomendación de Política General Nº 13 de la ECRI sobre la lucha contra el antigitanismo y las discriminaciones contra los romaníes/gitanos,* https://n9.cl/87424.

Memòria Contra l'Oblit (s.f.): "Crímenes de odio. Racismo y xenofobia" https://n9.cl/appm3.

Garcés Fernández, Helios (2017): "Decolonizar el antirracismo moral", El Salto, 11 de julio, https://n9.cl/xdnud.

García Añón, José (2024): "Discriminación y experiencias en la identificación policial por perfil étnico: la evolución en España diez años después", *Cuadernos Electrónicos de Filosofía del Derecho,* nº 52, pp. 55-83.

García Sanz, Carolina (2019): "Presuntos culpables: un estudio de casos sobre el estigma racial del 'gitano' en juzgados franquistas de vagos y maleantes", *Historia Social,* nº 93, pp. 145-165.

Gómez Alfaro, Antonio (2009): *Legislación histórica española dedicada a los gitanos,* Sevilla, Junta de Andalucía.

Heidegger, Patrizia y Wiese, Katy (2020): *Pushed to the wastelands: Environmental racism against Roma communities in Central and Eastern Europe*, Bruselas, European Environmental Bureau.

Lombroso, Cesare (1876): *L'uomo delinquente: studiato in rapporto alla antropologia, alla medicina legale ed alle discipline carcerarie*, Milán, Hoepli, p. 127.

Lorde, Audre (2003): *La hermana, la extranjera. Artículos y conferencias*, Madrid, Horas y Horas la Editorial, https://n9.cl/q96a02.

Maldonado-Torres, Nelson (2014): "Race, Religion, and Ethics in the Modern/Colonial World", *Journal of Religious Ethics*, vol. 42, nº 4, pp. 691-711.

Martín Corrales, Eloy (2002): *La imagen del magrebí en España. Una perspectiva histórica siglo XVI-XX*, Barcelona, Bellaterra.

Mateo Dieste, Josep Lluís (2017): *Moros vienen. Historia y política de un estereotipo*, Melilla, Instituto de las Culturas.

Miyar-Busto, María (2025): "De la ausencia a la sólida presencia: la segunda generación de inmigrantes en España", *Panorama Social*, nº 41, pp. 23-40, https://n9.cl/6j13q.

Observatorio de Derechos Humanos de Ca-Minando Fronteras (2025): *Monitoreo derecho a la vida 2025*, Barcelona, Ca-Minando Fronteras, https://n9.cl/dmi4z.

Ouled, Youssef M. y Korriche, Siham J. (2024): *Racismo policial en el Estado español. Un análisis cualitativo del sesgo racial en la práctica de parada, identificación y registro policial*, Barcelona, Iridia-Rights International Spain, https://n9.cl/9z8h9h.

Río Ruiz, Manuel Ángel (2003): *Violencia étnica y destierro. Dinámicas de cuatro disturbios antigitanos en Andalucía*, Granada, Maristán.

Salazar Acha, Jaime de (1991): "La limpieza de sangre", *Revista de la Inquisición*, nº 1, pp. 289-308, https://n9.cl/l2xq81.

Sibai, Adlbi (2016): *La cárcel del feminismo. Hacia un pensamiento islámico decolonial*, Madrid, Akal.

UNESCO (1978): Declaración sobre la Raza y los Prejuicios Raciales, https://n9.cl/rs574s.

Wæver, Ole (1995): "Securitization and Desecuritization", en Ronnie D. Lipschutz (ed.), *On Security*, Nueva York, Columbia University Press, pp. 46-87.

Zayas, Rodrigo de (2006): *Los moriscos y el racismo de estado: creación, persecución y deportación (1499-1612)*, Córdoba, Almuzara.

Zúñiga Contreras, Ricardo E. *et al.* (2022): *Aprendiendo racismo. Racismo estructural en libros de texto*, Madrid, SOS Racismo, https://n9.cl/9i4ka.

SOBRE LA AUTORA Y LOS AUTORES

Silvia Agüero Fernández
Madrid, 1985. Gitana mestiza, comunicadora, escritora, pintaora y feminista. Sus aportaciones son clave para la comprensión del feminismo gitano español. En el gueto comprendió las dimensiones estructurales del antigitanismo y la necesidad de la resistencia organizada a través de redes autogestionadas activistas antirracistas y feministas. Coautora y actriz del monólogo *No soy tu gitana* (Teatro del Barrio), presenta el programa *Al Lío* de CGT (Canal Red) y colabora en medios como Pikara Magazine, *Arainfo* o *El Salto*. Es autora de *Mi feminismo es gitano* (Pikara, 2020) y *A las gitanas de mi vida* (La Parcería Edita, 2024), y coautora de *Resistencias gitanas* (Libros.com, 2020), *¿Anarquismo gitano?* (Los Libros de la Catarata, 2024) y *El deber de Resistir. Memoria y luchas del Pueblo Gitano* (Txalaparta, 2026).

Nicolás Jiménez González
Madrid, 1968. Gitano, sociólogo y máster en Investigación Educativa. Ha sido consultor de varias organizaciones gitanas y profesor lector en la Universidad de Alcalá (Gitanos de España. Historia y cultura). Ha participado en foros y redes profesionales sobre el Pueblo Gitano en España y Europa. Es autor de *Romanó y romipén. Historia, cultura e idioma del Pueblo Gitano* (Los Libros de la Catarata, 2025) y coautor de *Resistencias gitanas* (Libros.com, 2020),

¿Anarquismo gitano? (Los Libros de la Catarata, 2024) y *El deber de Resistir. Memoria y luchas del Pueblo Gitano* (Txalaparta, 2026).

Youssef M. Ouled
Periodista e investigador experto en racismo. Impulsor de Algo-Race, un proyecto que analiza el sesgo racial de la IA y su impacto en los derechos y las libertades de las personas migrantes y racializadas. También analiza el sesgo racial de las Fuerzas y Cuerpos de Seguridad del Estado, tema sobre el que ha publicado varias investigaciones para la organización Rights International Spain. Es conferenciante y divulgador sobre islamofobia y medios de comunicación.